世界のおやつ

おうちで作れるレシピ100

著／鈴木 文

はじめに

　パティシエの世界に足を踏み入れてから長年、フランス菓子の領域にいた私ですが、一から商品やメニューを考案・提案することが出来るようになった頃、それまでとは違う視点で〝お菓子〟というものを捉えるようになっていきました。新しいレシピや技術をアップデートし続けるだけでなく、日々使っている食材のことや、そこから生まれるお菓子が元来持っているストーリーにも、次第に興味をひかれていくことになったのです。

「目で見て美しく、食べて美味しいモノを作ることは大前提にありながらも、その土地の歴史、文化、風土など、お菓子の裏側にあるストーリーを伝えるコトも、パティシエとして大切にしていきたい」。

「私たち作り手が、お菓子のさらなる魅力や楽しみを引き出すコトで、いつものお菓子のひと口が、きっとそれまで以上に美味しく、愛おしく感じる。そんな新しい感覚を共有できたら…!」

　その想いは日々高まり、気がつけば、フランス菓子だけでなく世界中のおやつを作ることが、私のライフワークになっていました。世界各地を訪ね、見て、聞いて、食べることは当然ながら、現地のお菓子を現地の人々と一緒に作る。そんな活動を続けながらお菓子の歴史を辿っていたら、約1年がかりの世界一周の旅になったことも。

　ただ、パティシエとして自然なことではありますが、安易に〝再現〟をゴールにするのではなく、必要であれば、日本の風土や気候にも合うように〝創作〟も加えます。それは、現地の方々と、彼らの文化に敬意を払いながら、じっくりと丁寧に…とてつもなく時間がかかることもあります。

　これまで、企業や自治体、大使館などの商品開発やプロデュースに携わりながら、パティシエだからこそ知り得る〝お菓子の付加価値〟をより鮮明に表現する活動を続けてきました。そんな中、2020年は世界規模でガラリと世の中がかわり、パティシエとしてもっと出来ることはないかと模索している中で、本書が生まれるご縁を頂きました。

　パティシエとして出来上がったお菓子を届けるだけでなく、人々のおうち時間に、一から世界のおやつを作るきっかけを提案出来たら…。この本が、ときにどこかの誰かの視野を広げることになり、壮大な想像力をもたらしてくれるかもしれない。そんな「おやつの時間」を通して、明日の〝暮らし〟を少しでもより豊かにするチカラになれたら、これ以上の喜びはありません。また、そんな新しい気づきや希望が、私自身の今後の指針を明確にしてくれたように思います。

　編集者の方を始めとして、この一冊の本にご尽力下さった皆さまへ感謝の気持ちを込めて。

鈴木 文

PROFILE
パティシエール
鈴木 文（すずき あや）
立教大学卒業後、株式会社バーニーズジャパン入社。アパレル業界を経て、パティシエに転身。ザ・ペニンシュラホテルのフレンチレストランやパティスリーなどで修行を積んだあと、会員制レストランでシェフパティシエに就任。退職後は約1年にわたり、世界各地でお菓子を作る旅へ。これまで50カ国以上を訪れ、500種類以上の世界のお菓子を学んだ経験をもとに、2018年よりお菓子ブランド「SEKAI NO OYATSU」を主宰。2020年にはオンラインサロン「OYATSU Salon」を開設。著書に『旅するパティシエの世界のおやつ』（ワニ・プラス）

目次

3

目次

※諸外国から国家承認を受けているため、本書では
パレスチナを記載しています。

本書について

◇国名
エリア全域、さらにはエリアを超え親しまれて
いるおやつもあるため、必ずしも表示の国だけ
で食べられているというわけではない。現地で
の著者の経験に基づき、できるだけ最もその国
にふさわしいお菓子をセレクトしている。

◇難易度
星が増えるごとに難易度が上がる。星ひとつは、
手順も少なく比較的短時間で作れるおやつ。星
2つは、揃える材料や手順が少しだけ増えるが、
技術的には比較的難易度の低いおやつ。星3つは、
材料が手に入りづらかったり、なじみのないプ
ロセスを含むおやつだが、代替の材料や上手く
いくコツをできるだけ記載しているので、ぜひチャ
レンジしてみてほしい。

◇レシピ
必ずしも現地そのままのレシピとは限らない。
日本人の文化や風土に向け創作されているもの
も含む。また、様々なアレンジを記載しているので、
自由に試してみてほしい。

◇コラム
記載しているお菓子のストーリーや歴史は、著
者独自の取材に基づいたもので、諸説ある場合
がある。

基本の材料

◆ 小麦粉

小麦粉は、含まれるタンパク質の含有量により、大きく薄力粉、中力粉、準強力粉、強力粉に分けられ、さらにその中でも銘柄によって味わいや食感が変わります。本書では、幅広いお菓子に活用できる薄力粉「ドルチェ」をベースにしていますが、特定の粉を使ったり、数種類の粉を組み合わせて、求める食感を作り出します。基本的には、おうちで一般的に使用している小麦粉で代用可能ですが、レシピによって特定の記載のあるものは、より理想的な仕上がりにするために推奨する銘柄です。

ドルチェ

◆ 砂糖

砂糖は、お菓子に甘みや焼き色を付ける、生地を膨らませる、保湿するなど様々な役割がありますが、どんな食感や風味に仕上げるかで使う種類が変わります。

基本的には、雑味のないさっぱりとした甘さのグラニュー糖がひとつあれば重宝しますが、他の材料と混ぜやすくしたり、口溶けの良さを重要視する場合には、粒子の細かい粉糖（コーンスターチ不使用を推奨）を使用します。また、サトウキビの風味やコクを生かしたい場合には、きび砂糖を使うことも効果的です。ちなみに、でき上がったお菓子をデコレーションする場合には、溶けにくい飾り用の粉糖（通称「泣かない粉糖」）を使用します。

◆ バター

バターは、生乳の性質やメーカーの製法により、色、水分量、伸展性、クリーミング性が異なります。本書では、他の材料の味や香りの邪魔をしない食塩不使用のものをメインに使用します。目指したい仕上がりによっては、味も香りも濃厚な発酵バターを使い、よりコクのある味わいに仕上げることもあります。また、パイ生地などにおいては、のびがよくコシがあって作業性の高い、低水分（14％以下）のタイプを選ぶなど、お菓子によって様々な種類を使い分けるとよいでしょう。

発酵バター

◆ 植物性油

お菓子作りにおいて植物油を使う場合、ほぼ無味無香のくせのないものを使用します。太白ごま油を始めとし、菜種油や米油などは、お菓子そのものにはもちろん、作業工程上、生地がくっつかないように型や道具に塗る場合にも幅広く使用できます。

太白ごま油

◆ クリーム

用途や好みで、乳脂肪分の違うものを使い分けます。乳脂肪分40％以下であれば、比較的風味が軽くやわらかく、素材の味が際立ちます。仕上がりにコクや保形性が必要な場合には、高脂肪分のものを使用したり、2種類を合わせて使用することもできます。

◆ バニラ

特にバニラの香りを際立たせたい場合には、さやのタイプを使用するのがいちばんですが、本書で紹介しているお菓子の大半は、おうちでのお菓子作りに気軽に使える、ペースト状、バニラオイル、バニラエッセンス（加熱しない場合向き）などを使ったレシピを紹介しています。

左よりバニラビーンズ、バニラペースト、バニラオイル

◆ スパイス

スパイス類は、お菓子の個性を高め、奥行きのある風味に仕上げる大切な要素です。
本書のレシピでは、シナモンやナツメグ、カルダモンなど、比較的手に入りやすいスパイスを使用しています。

シナモン

◆ 塩

本書では、フランス産ゲランドの塩（粒子が細かいタイプ）を推奨します。塩味だけではなく、ほのかな甘さや旨味が感じられるので、塩気を出したいお菓子以外にも、隠し味程度に少量加えることも。素材の風味や甘みが引き出され、仕上がりに奥行きをもたらすことができます。

◆ チョコレート

お菓子作りに使用するチョコレートは、製菓用のクーベルチュール・チョコレートを推奨します。

カカオ分（カカオマスとカカオバターを合わせた％数）の含有量で甘さや風味が異なりますが、カカオ分50 ～ 60 ％がひとつあれば、様々なお菓子に幅広く使用できます。特に、溶けやすいため刻む必要がなく、計量も簡単なフェーブタイプがおすすめです。

クーベルチュール・
チョコレート
フェーブタイプ

◆ イースト

本書では、常温保存が可能で予備発酵不要の「インスタントドライイースト」を使用。イーストの効力が弱まるのを防ぐために、塩と別々に計量することがポイントです。市販されているものは、「低糖性」というタイプが主流で、糖分の配合が極端に多い製品でなければ、様々な発酵菓子やパンに使用できます。

インスタント
ドライイースト

◆ ベーキングパウダー

生地の膨らみを助ける膨張剤で、使用することで生地中に細かな気泡が入り軽さを出すことができます。アルミニウムフリー推奨。日本ではほとんど見かけませんが、諸外国では、小麦粉にあらかじめベーキングパウダーを配合した、self-raising flour（セルフレイジングフラワー）が売られている国や地域も多いようです。

カスタードクリーム

定番でシンプルながら、材料の配合次第で仕上がりが大きく変わります。
最後にバターをゆっくり溶かすことで、コクをプラスできるレシピをご紹介。

材料（作りやすい分量 でき上がり総量約420g）

- 卵黄　80g（L玉約4個分）
- グラニュー糖　80g
- 牛乳　300g
- バニラビーンズ　1/2本
  （もしくはバニラオイル少々）
- 薄力粉　30g
- 無塩バター　20g

下準備

バターを1cm角に切っておく。

作り方

❶ ボウルに卵黄を入れてホイッパーで溶きほぐし、
グラニュー糖を加え混ぜ、薄力粉をふるいながら加えて混ぜる。

❷ バニラビーンズは、縦半分に切り目を入れ
取り出した中の種とさやを全て鍋に入れて、
牛乳を加えたら弱火で熱する。沸騰直前で火を止め、
❶にホイッパーで混ぜながら少しずつ加える。

❸ ❷をざるでこしながら、鍋に戻してホイッパーで
混ぜながら中火にかける。とろみが出始めたあとに、
表面にふつふつと大きめの気泡が出てきて、
最後はもったりと筋が残るくらいになったら
火を止めてバターを加えて合わせる。

❹ バットに移して平らにならし、クリームの表面に
びったりとラップをかぶせる。
氷水を張ったバットに当てて急冷する。

本書で使用するおやつ

ベリージャム

世界各国その土地ならではのベリー系果物を使ったジャムに代わる、
日本の家庭で作れるジャムレシピ。様々なお菓子に活用できます。

材料(作りやすい分量
でき上がり総量約250g)
・冷凍ベリーミックス　300g
※ラズベリー、イチゴ、ブラッ
クベリー、レッドカラント、カ
シスなどがおすすめ。
・グラニュー糖　150g
・レモン果汁　30~45g
・ペクチン　10g

作り方

❶ 小さなボウルにペクチンとグラニュー糖の一部(約50g)を
合わせて混ぜておく。※ダマになることを防ぐため。

❷ 鍋に冷凍ベリーミックスと残りのグラニュー糖を入れ、
合わせておく。
時間がある場合にはこのまましばらく置いて、
果物から水分が出てくるのを待つ。

❸ ❷を弱火にかけて鍋底が焦げないように注意しながら、
ゆっくり加熱して約15分程煮詰める。

❹ ❸に❶を少しずつ加えながら混ぜて、
さらに10~15分程加熱する。
途中アクが出る場合にはこまめに取り除く。
ジャムの使用用途によって煮詰め具合は調節する。

❺ 最後に、甘さと酸味のバランスを見ながらレモン果汁を加える。

❻ 冷めるととろみが出てくるので、ひとさじ先に取り出して
冷やし、確認しながら調整する。

本書で使用するおやつ
・ハッロングロットル　p.61
・パステル・バスコ　p.96
・トルタ・マリア・ルイサ　p.116
・パスタ・フローラ　p.128
・パステル・デ・グアヤバ　p.150
・ラミントン(p.172)

折り込みパイ生地

おうちで作るには難しいイメージが強いパイ生地ですが、
コツを覚えてしまえば一気にレパートリーが広がります。

材料（作りやすい分量）

- ・強力粉（イーグル） 100g
- ・薄力粉 100g
- ・塩 7g
- ・水 80ml
- ・酢 10g
- ・無塩バターA 20g
- ・無塩バターB 160g
- ・打ち粉（強力粉） 適量

下準備

水だね用として、塩、水、酢を
合わせて冷やしておく。強力
粉、薄力粉、バターBを冷や
しておく。

作り方

❶ ボウルに強力粉と薄力粉を入れる。

❷ 湯煎で人肌に溶かしたバターAを水だねに加えたら、
混ぜずにそのまま❶に加えてカードで切るようにして合わせる。

❸ 水分が粉全体に行きわたり均一になったら、
ひとまとめにしてカードで十文字に切り込みを入れて
ラップに包み、冷蔵庫で1時間程休ませる。

❹ バターBを厚手のポリ袋に入れて麺棒でたたきながら
15×10cm程の長方形にのばす。
❸の生地と同じくらいのかたさに調整しておくと作業がしやすい。

❺ ❸の生地を冷蔵庫から取り出し、打ち粉をして、
麺棒で30×15cm程の長方形にのばす。
生地に❹のバターをのせて、両端を中央へたたんで包み、
端を指でつまんでバターがはみ出ないようにしっかりと閉じる。
※この時点で生地がべたついたり、バターが過剰に
やわらかくなってしまったら冷蔵庫で少し冷やす。

❻ ❺を麺棒で長さが幅の3倍になるまでのばしてから、
3つ折り（奥の生地を1/3手前に、次に手前の生地を
真ん中にかぶせるように折る）をする。

❼ 生地を90度回転させて、再び❻の作業を繰り返したら、
ラップで包んで冷蔵庫で1時間程休ませる。

❽ ❻と❼の作業を繰り返す（トータルで3つ折りが4回になる）。

❾ 使う用途に合わせて、麺棒でのばして使用する。

本書で使用するおやつ
- ・パステル・デ・ナタ p.78
- ・トラヴェセイロ p.84

西欧・北欧・東欧の
おやつ

イラスト：土居香桜里

ヨーロッパのおやつ

キリスト教や貴族文化から誕生。
7つの海を越えて、今も昔も世界中のお菓子文化をリードする“西洋菓子”。

キリスト教を土台とした西洋文明発祥の地・ヨーロッパは、15世紀から始まった大航海時代に、スペインやポルトガル、イギリス、オランダを中心に世界へ進出しました。16〜20世紀の間には、アフリカ、オセアニア、アメリカ、アジアなどを支配下に置き、中でもスペインとイギリスの植民地支配は世界全体に及び、「太陽の沈まない国」とよばれていた程です。

ヨーロッパのお菓子文化は、11世紀の十字軍のエルサレム遠征をきっかけに、砂糖やお菓子が中東から伝わったことで花開きました。大航海時代には中南米やアフリカにもその文化が伝わり、現代ではすっかりヨーロッパ由来のお菓子が定着しています。日本にも“南蛮菓子”として伝わったポルトガル菓子は、今ではカステラや金平糖などの和菓子として親しみ深い存在となっています。ちなみに、ルネッサンス時代に政略結婚が繰り返されたことで欧州各国の文化が持ち込まれたフランスでは、貴族のお抱え菓子職人たちの手によってヨーロッパ中のおいしいエッセンスが取り込まれていくことになりました。今日の、世界をリードするフランスのお菓子文化の下地は、ルイ王朝の時代には、どうやらすでにでき上がっていたようです。

島国の日本と異なり、人や文化が頻繁に往来し影響を与え合ってきたヨーロッパ諸国では、お菓子文化も複雑そのもの。「西洋菓子」とひとくくりでは語ることのできない、各国の個性豊かなお菓子の特徴を見ていきましょう。

1-2.フランス・アルザス地方の厨房とパティスリー
3-5.ポルトガルのパティスリーとショーケース。卵黄クリームなどを使用した黄金色のお菓子がずらっと並ぶ

・フランス

美食大国フランスを語る上で欠かせないのが、フランス菓子の存在です。18世紀末、フランス革命によって行き場をなくした修道女や貴族のお抱えだった菓子職人たちが、街に出てお店を持つようになり、そこで庶民はようやくお菓子を口にできるようになったのだとか。そんな背景もあって、現代ではパティスリーやカフェなどでお菓子を楽しむスタイルが主流です。

・イギリス

イギリスのお菓子文化が、アフリカから北中米、オセアニアまで根付いているのを目にすると、かつて世界の海を支配した大英帝国の面影を色濃く感じさせられます。そんなイギリスを代表するお菓子といえば、どっしりとしたプディングや焼き菓子。海軍兵のお腹を満たすため、日持ちと腹持ちのよさに重点が置かれ発展したとか。そんな背景から、華やかというより素朴なホームメイドのお菓子が基本のようです。

・オランダ

「世界は神が作ったが、オランダはオランダ人が作った」と評されるように、その国土は20%以上が干拓工事で造られ、1/4は海抜0m以下にあります。列強ひしめく西欧の中、限られた条件下でどう生き抜くかという歴史と向き合ってきたオランダの国民性は、極めて合理的。そのためか、近隣のフランスやドイツなどと比べ、オランダで出会うお菓子はどれもカジュアルで手軽に作れるものが多い印象です。また、17～18世紀に海洋王国として栄え、インドネシアを中心とした東洋の海で独占貿易を行っていた際に多種多様な香料を手にしたことから、スパイスをふんだんに使用するお菓子が多いのも大きな特徴といえます。

1.フランスのケークエコセ（p.36）
2.フランスのタルト・トロペジェンヌ（p.22）
3.イギリスの代表的焼き菓子、スコーン（p.40）
4.オランダのオリボーレン（p.58）を売る現地の屋台

1章／COLUMN ヨーロッパのおやつ

・スウェーデン

福祉、男女平等、幸福度、ライフワークバランスなどあらゆる面で他国の先を行き注目を集める北欧。スイーツに限らず、ベリー類やリンゴ、乳製品などを好んで食し、地産地消やオーガニック食材への意識も高いのだとか。また、「フィーカ」というコーヒーブレイクの習慣があり、クッキーなどの甘いものをおともに、同僚や家族との交流を楽しみながら仕事の効率性を高めいます。北欧は、まさに「おやつ」時間の達人ともいえそうです。

・ドイツ

ドイツ菓子を大きく分類すると、比較的シンプルな焼き菓子である「クーヘン」、フルーツや生クリームを使った「トルテ」などがあります。ドイツ人は果物をよく食べる習慣があり、ジャムやコンポート、ドライフルーツ、ジュース、リキュールなど、お菓子の材料にも果実で作られたものを多用します。また、乳製品も豊富なため、バターなどを驚く程ぜいたくに使用したレシピが多いのが特徴です（p.68「ブッタークーヘン」など）。

・チェコ

日本では、東欧・チェコといえばビールが有名ですが、実はお菓子やパンも豊かな文化を持ち、バリエーションにも富んでいます。特にクリスマスシーズンは、チェコのお母さんたちは大忙し！　家庭では、アドベント（クリスマス前の4週間）の第1週から、たくさんの種類の小さなクッキーを焼く習慣が根付いています。このクリスマスクッキーを「ツックロヴィー（Cukroví）」と呼び、そのレシピだけで一冊の本になる程多くの種類があると言われています。その家庭独自のクッキーを少しずつ食べながらクリスマスまでのわくわくを楽しむ文化は、チェコならではといえるでしょう。

1.スウェーデンのハッロングロットル（p.61）。「フィーカ」の際に食べられることも多い
2.ドイツのブッタークーヘン（p.68）
3.チェコのロフリーチュキ（p.74）。「ツックロヴィー」の一種

・ポルトガル

16～17世紀に、貿易を通じて日本に様々な文化を伝えたポルトガル。その中のひとつが、“南蛮菓子”とよばれたポルトガルのお菓子文化です。元々、多くは修道院で誕生したと言われており、僧服やシーツののり付けに卵白を使用し、余った卵黄でお菓子を作ったというエピソードも残っています。そのためポルトガル菓子は今も卵黄が主役のものが多く、中でも卵黄とグラニュー糖のシロップで作る黄金色のクリーム「ドース・デ・オヴォシュ」は、ポルトガル菓子の顔ともいえるもの。その素朴な味わいは、街中のカフェやパティスリーで今も大切に守られています。

・スペイン

カタルーニャやアンダルシアをはじめ17の自治州が存在するスペインでは、各地域の民族意識が高く、国としてひとくくりにその文化を捉えることは至難の業。食文化もやはり、スペインの各地域によって特徴は様々です。世界有数のアーモンド生産国でもあり、香り高いアーモンドをシンプルに味わえるお菓子は、スペインならではといえるでしょう。

・イタリア

実は、フランス菓子よりも古い歴史を持つイタリア菓子。地理的な理由により、アラブ世界や古代ギリシャからいち早く新しい食材や製造技術を取り入れることができたため、他の西洋諸国に先駆けて食文化が発展していきました。ほぼイタリア全土で小麦が生産される穀物大国でもあるため、お菓子のベースには風味豊かな粉があり、加えて、蜂蜜やチーズなどの乳製品、ナッツ類を使用したお菓子も多い傾向にあります。見かけは素朴な焼き菓子から、地域によっては特産物を生かしたものなど、多種多様なお菓子が存在するのも特徴のひとつです。

1.ポルトガルのグアダルナッポ（p.76）。卵黄クリーム「ドース・デ・オヴォシュ」がたっぷり使用されている
2.ポルトガルのパステル・デ・ナタ（p.78）
3.イタリアのカンノーリ（p.106）
4.スペインのパティスリー。アーモンドを使用した焼き菓子、パステル・バスコ（p.96）も並ぶ

Mousse au chocolat
（ムース・オ・ショコラ）

多くの国で定番デザートとして親しまれているチョコレートムース。
温度に注意してコツをつかめば、おうちでレストラン気分を味わえます。

材料（作りやすい分量）

- クーベルチュール・チョコレート（カカオ分60％程度）　100g
- 生クリーム　250g
- 卵黄　40g（L玉約2個分）
- グラニュー糖　30g
- 水　30ml

作り方

① ボウルにチョコレートを入れて湯煎（50～55℃）にかけて溶かす。

② 別のボウルに生クリームを入れて5分立てにする。

③ パータボンブを作る。別のボウルに卵黄、グラニュー糖、水を加えて、湯煎（約80℃）にかけ、温めながらハンドミキサーで泡立てる。

④ ③が空気を含み白っぽくなり、卵黄に火が入りクリーム状になったら湯煎からおろす。冷ましながら引き続き泡立て、筋が残るくらいになるまでもったりとさせる。

⑤ ①に②を少しずつ加えて、都度ゴムベラでボウルの中央からやさしく合わせる。

⑥ 生クリームの1/3くらいの量を入れ切ったら、④を加えてゴムベラで合わせる。

⑦ ⑥に残りの生クリームを加えて、ゴムベラで合わせる。器に盛って冷蔵庫で冷やす。
　※必要以上に混ぜすぎるとボソボソとした状態になってしまうので注意する。
　※チョコレートの温度が下がり全体的に白濁してきたら、ボウルの底を数秒ずつ湯煎にかけ様子を見ながら作業をする。

MEMO
様々なテクスチャがあるムースの中でも、ここでは、卵黄の濃厚さとホイップクリームの軽やかさを兼ね揃えたレシピを紹介。

Chou à la crème（シュークリーム）

「シュー」（＝キャベツ）に形が似ていたのが名付けの由来。シンプルな味わいなので、
生地とクリームは丁寧に仕上げ、自分好みのバランスを見つけて。

材料（約6cm×10個分）

◆ **シュー生地**
- 水　90g
- 無塩バター　40g
- 塩　2g
- グラニュー糖　3g
- 薄力粉　55g
- 全卵　100g

- カスタードクリーム　100g　※作り方はp.8参照。
- 生クリーム　150g
- グラニュー糖　10g
- 飾り用粉糖　適量

下準備

薄力粉をふるっておく。卵は室温に戻しておく。
霧吹きに水（分量外）を入れておく。
オーブンは200℃に予熱しておく。
天板にごく薄くバター（分量外）を塗っておく。

作り方

① 鍋に、水、1cm角にカットしたバター、塩、グラニュー糖を入れ、中火にかけて完全に沸騰させる。

② 一度火を止めて薄力粉を一気に加え、木べら（なければゴムベラ）で素早く混ぜ合わせる。

③ ②を練るように混ぜながら中火で加熱する（30秒～1分が目安）。
　生地が鍋底から離れひとまとまりになり、鍋底に薄く膜が張ってきたら火を止める。

④ ③をボウルに移し、ハンドミキサーを低速にかける。
　まず、溶いた全卵の半量を加えてよくなじませたら、残りの全卵を少しずつ加え混ぜる。
　途中ゴムベラで生地をすくい上げると、のびながら落ち、
　ゴムベラに正三角形の形が残るかたさになったら卵を加えるのをやめる。
　※卵の分量はレシピ通りとは限らないので、必ずかたさを見て調整する。
　※この時点で生地の温度は30℃が理想。

⑤ 生地を、丸口金を付けた絞り袋に入れる。直径約5cm、高さ約1.25cmの円形に絞り、
　表面全体に霧吹きで水を吹き付ける。

⑥ 190℃のオーブンで約20分焼成して、しっかり膨らんできたら、180℃に下げて20分程焼成する。
　表面がしっかりかたくなって、割れ目まできつね色に焼き色がつくまで焼成する。

⑦ シュー生地を焼いている間に中のクリームを準備する。
　ボウルに、生クリームとグラニュー糖を入れて、ボウルの底を氷水に当てながら
　ハンドミキサーで8分立てにする。
　カスタードクリームは使う分だけボウルに移して木べらかゴムベラでほぐし、なめらかにする。
　それぞれ口金を付けた絞り袋に入れる。

⑧ 冷めたシュー生地の上から1/3のところを、上下半分にスライスしてそれぞれのクリームを絞り入れる。
　上から飾り用の粉糖をかける。

〰〰〰〰〰〰〰〰〰〰〰〰〰〰〰〰〰〰〰〰〰〰〰〰〰〰〰〰〰〰〰〰〰〰〰〰

MEMO
でき立ては、サクサクの生地ととろりとしたクリームのコントラストが楽しめ、翌日になると一体
感のある味わいが楽しめる。

〰〰〰〰〰〰〰〰〰〰〰〰〰〰〰〰〰〰〰〰〰〰〰〰〰〰〰〰〰〰〰〰〰〰〰〰

Madeleine（マドレーヌ）

日本でもなじみ深い伝統的なフランス菓子。定番の貝殻型でも美しいが、
平たく丸い紙カップで焼けば、どこかレトロな雰囲気に。

材料（約4.5×7.5cmのシェル型15個分）

・無塩発酵バター（普通の無塩バターでも可）　100g
・全卵　120g（L玉約2個分）
・グラニュー糖（もしくは上白糖）　90g
・蜂蜜　20g
・レモンの皮すりおろし　2.5g
・薄力粉　140g
・ベーキングパウダー　7g

下準備

型に溶かしたバター（分量外）を塗って、冷蔵庫に入れておく。
全卵を室温に戻しておく。
薄力粉、ベーキングパウダーを合わせてふるっておく。
オーブンを190℃に予熱しておく。

作り方

① ボウルにバターを入れて、湯煎で溶かしておく（40℃程の温度に保つ）。
② 別のボウルに全卵とグラニュー糖を入れてホイッパーで擦り混ぜ、グラニュー糖が溶けてなじんだら、
　蜂蜜とレモンの皮すりおろしを加えて合わせる。
③ ②に薄力粉とベーキングパウダーをふるいながら加えて、ゴムベラで合わせる。
④ ③に①を加えてゴムベラで合わせ、全体につやが出てなじんだら、
　絞り袋（もしくは厚手のポリ袋）に入れて、常温で1～2時間休ませる。
⑤ それぞれの型の8分目まで生地を流し、190℃のオーブンで10～12分焼成する。
⑥ おへそがぷっくりとしてよい焼き色が付いたら、オーブンから取り出し、
　台に型を軽く打ち付けて空気を抜く。熱いうちに型から外して冷ます。

MEMO
生地を数時間寝かすことで、粉っぽさをなくし、きめを整えることができる。ぜひ焼き立てを頬張って。

Tarte tropézienne
（タルト・トロペジェンヌ）

女優ブリジッド・バルドーがこよなく愛したコート・ダジュール生まれのクリームパン。
オレンジ果汁がよく効き、見かけによらず軽い口当たりです。

材料（約6個分）

◆ ブリオッシュ生地
・無塩発酵バター（普通の無塩バターでも可）　60g
・準強力粉（リスドオル）　120g
・強力粉（はるゆたか）　80g
・インスタントドライイースト　4g
・グラニュー糖　40g
・塩　3g
・スキムミルク　8g
・水　85ml
・卵黄　40g（L玉約2個分）
・カルピス原液　15g
・全卵（つや出し用）　適量
・ワッフルシュガー　適量

◆ シロップ
・水　25ml
・オレンジ果汁　25g
・グラニュー糖　15g
・グランマルニエかコアントロー　5g

◆ クリーム
・カスタードクリーム　250g
　※作り方はp.8参照。
・無塩バター　45g
・グランマルニエかコアントロー　20g

下準備

無塩発酵バターは1cm角にカットして冷蔵庫で冷やしておく。

作り方

◆ ブリオッシュ生地を作る

① ボウルに準強力粉、強力粉、インスタントドライイースト、グラニュー糖、塩、スキムミルク、水、卵黄、
カルピス原液を入れカードを使って混ぜ、ひとまとまりになってきたら、
グルテンの粘りが出るまでしっかりと手でこねる。

② ①に冷えたバターを加えてさらにこね、つやが出てなめらかになったらラップで覆い、
2倍近くに膨らむまで発酵させる（25～27℃で40分が目安）。

③ ②の生地を手で押すようにガス抜きをしながら一度広げ、上下左右に折りたたみ、
再度きれいに丸める。バットに入れてビニールをかぶせ、冷蔵庫で約半日かけて発酵させる。

④ 生地を6等分に分割して丸め、ぬれ布巾などをかぶせて15分程休ませる。

⑤ 麺棒で少し平らにしながらガスを抜き、表面にフォークか竹串で穴を空ける（ピケ）。
ぬれ布巾などをかぶせて発酵させる（30℃で50分が目安）。
オーブンを170℃に予熱し始める。

⑥ つや出し用の溶き卵を同量の水で割ったものを、生地の表面に刷毛で2回塗る。
ワッフルシュガーをのせて、190℃のオーブンで約12分焼成する。

◆ シロップを作る

鍋に水、オレンジ果汁、グラニュー糖を入れて火にかけ、グラニュー糖が溶けたら火を止めて好みの
リキュールを加える。使用するまで冷蔵庫で冷ましておく。

◆ クリームを作る

① 無塩バターを室温に戻してから、ホイッパーでクリーム状にする。

② カスタードクリームを室温に戻し、ホイッパーでほぐしてなめらかにし、好みのリキュールを加える。

③ ①に②を少しずつ加えて、都度よく混ぜ合わせる。

◆ 組み立てる

① ブリオッシュ生地を上下半分にスライスして、スライスした面に刷毛でシロップを塗る。

② クリームを口金の付いた絞り袋に入れて、①に絞ってはさむ（1個あたり約50g）。

Pâtes de fruits（パート・ド・フリュイ）

プロバンス地方を代表する、果汁と砂糖を煮詰めて凝縮した美しいゼリー菓子。
無糖で酸味の効いた果汁を使うのが、瑞々しく仕上げる秘訣。

材料（20×15cmのステンレスバット1台分）
・フルーツピューレ（好みで）　250g
・グラニュー糖　250g
・HMペクチン　8g
・水あめ　25g
・クエン酸　5g
・水　5ml

下準備
フルーツピューレを解凍しておく。
バットにクッキングシートを敷いておく。

作り方
① ボウルに分量の半分のグラニュー糖とHMペクチンを入れて、ホイッパーを使って合わせておく。
② 別のボウルに残りのグラニュー糖を入れて中央をくぼませ、水あめを入れる。
　※ボウルの内側に水あめが付かないように注意する。
③ 小さめのボウルに、クエン酸と水を入れてよく混ぜておく。
④ 鍋にフルーツピューレを入れて中火にかける。ホイッパーで混ぜながら加熱し
　40〜50℃程度まで温まったら、①を加えながら混ぜる。
　※軍手をしてやけどに注意しながら作業する。
⑤ ぷくぷくと鍋のふちが沸き始めたら、②を一気に加えてホイッパーで混ぜ溶かす。
⑥ 水あめやグラニュー糖が完全に溶けたら、耐熱のゴムベラに持ち替えて、
　焦がさないようにふちや鍋底を混ぜながら煮詰める。
⑦ 温度計を使って104〜105℃になったら火を止める。温度計が鍋底に付かないように注意する。
⑧ ③を加えて全体に混ぜる。
⑨ 素早くバットに流し入れてそのまま常温で冷ます。固まったら好みの大きさにカットする。
　※粗熱が取れた時点で冷蔵庫に移して冷やすとカットしやすい。
⑩ ⑨にグラニュー糖（分量外）を全体にまぶす。

Kouglof（クグロフ）

バターの配合が多いリッチな生地を長時間発酵させることで、
日本人の口にも合う独特の食感を再現。

材料（直径12cmのクグロフ型3台分）

◆ 生地
・無塩発酵バター（普通の無塩バターでも可）　60g
・ドライレーズン　40g
・ラム酒　20g
・準強力粉（リスドオル）　120g
・強力粉（はるゆたか）　80g
・インスタントドライイースト　4g
・グラニュー糖　40g
・塩　3g
・スキムミルク　8g

・水　85ml
・卵黄　40g（L玉約2個分）
・カルピス原液　15g

◆ シロップ
・グラニュー糖　100g
・水　100ml
・ラム酒　100g（好みで）

◆ 仕上げ
・グラニュー糖　適量

下準備

バターは1cm角にカットして冷蔵庫で冷やしておく。

ドライレーズンは湯通ししてから、ラム酒に漬けておく。

クグロフ型の内側に無塩バター（分量外）を塗って、冷蔵庫に入れておく。

作り方

① ボウルに準強力粉、強力粉、インスタントドライイースト、グラニュー糖、塩、スキムミルク、水、
　卵黄、カルピス原液を入れたら、カードを使って混ぜ、ひとまとまりになってきたら
　グルテンの粘りが出るまでしっかりと手でこねる。

② ①に冷えたバターを加えてさらにこね、つやが出てなめらかになったら
　ラム酒に漬けたレーズンを加えてさらにこねる。
　ラップで覆い、2倍近くに膨らむまで発酵させる（25～27℃で40分が目安）。

③ ②の生地を、手で押すようにガス抜きをしながら広げ、上下左右に折りたたみ
　再度きれいに丸めたら、バットに入れてビニールをかぶせ、冷蔵庫で約半日かけて発酵させる。

④ 生地を3等分にして分割して軽く丸め、ぬれ布巾などをかぶせて15分程休ませる。

⑤ 表面を少し平らにしながらガスを抜き、型の大きさに丸めなおして中央に指で穴を空けて
　リング状にし、型に入れる。ぬれ布巾などをかぶせて発酵させる（30℃で50分が目安）。
　オーブンを170℃に予熱し始める。

⑥ 170℃のオーブンで約40分かけてじっくりと焼成する。

⑦ シロップを作る。鍋に、水、グラニュー糖、ラム酒を入れて混ぜ、
　中火で沸騰させたら室温で冷ましておく。

⑧ ⑥の生地が焼き上がり、粗熱が取れたら、⑦のシロップにくぐらせて最後にグラニュー糖をまぶす。

MEMO

フランスとドイツの文化が融合するアルザス地方の代表的な発酵菓子。あのフランス王妃、マリー・
アントワネットも朝食に好んでクグロフを食べていたとか。

Crème brûlée（クレームブリュレ）

「焦がしクリーム」の名の通り、バーナーで焦がしたかたいキャラメリゼが特徴。
表面をスプーンですくったときの、パリンという感触も楽しんでみて。

材料（作りやすい分量）※ココットか耐熱のグラタン皿使用。
・生クリーム（脂肪分36％以上）　190g
・牛乳　60g
・バニラビーンズ　1/2本
・卵黄　60g（L玉約3個分）
・きび砂糖（もしくはグラニュー糖）　35g

・カソナード（キャラメリゼ用）　適量
※グラニュー糖でも可。

下準備

オーブンを150℃に予熱しておく。

作り方

① 鍋に生クリーム、牛乳、裂いたバニラの種とさやを入れて、沸騰直前まで温める。

② ボウルに卵黄を入れてほぐし、きび砂糖を加えてホイッパーで白っぽくなるまで
　擦り混ぜる。

③ ②に①を加えてホイッパーでやさしく混ぜ合わせ、別のボウルにこして、バニラのさやを取り除く。

④ ③を器に流して、湯煎（60℃が目安）にかけ、150℃のオーブンで約15〜30分焼成する。
　※器の深さや大きさで焼成時間が変わる。

⑤ オーブンから出し、粗熱が取れたら冷蔵庫に入れて最低1時間冷やす。

⑥ 食べる直前、⑤の表面にカソナードを薄く均一に広げて、ガスバーナーで表面をキャラメリゼする。
　冷蔵庫で数分冷やしたらでき上がり。
　※ガスバーナーがない場合には、オーブントースターやグリルなどの熱源に近づけて、
　時々器の向きを変えながら表面に焼き色を付ける。

MEMO
キャラメリゼをした上に、季節の果物を飾れば、おもてなしにもぴったり。

Sablee lunetts（サブレ・リュネット）

「リュネット」（＝めがね）の形をモチーフにしたユニークなサブレ。
バターの風味とサクサクとした食感を味わえる、サブラージュ法を紹介します

材料（10個分）

・薄力粉（エクリチュール）　160g
・アーモンドパウダー　40g
・純粉糖　60g
・塩　1g
・無塩バター（あれば発酵バター）　120g
・卵黄　20g
・バニラペースト　2g
・打ち粉（強力粉）　適量

・イチゴやベリー系のジャム（市販）　200g
・レモン果汁　10g
・飾り用粉糖（あれば）　適量

下準備
バターを1cm角にカットして、冷蔵庫で冷やしておく。
オーブンを170℃に予熱しておく。

作り方

◆ サブレ生地

①　ボウルに薄力粉、アーモンドパウダー、粉糖、塩を合わせてふるい入れる。

②　①に冷えたバターを加えて、カードを使い粉類をバターにまとわせながら、
　　バターが細かく（5mm角以下に）なるまで切り混ぜる。

③　②を指でバターをつまむようにしてすりつぶすか、手のひらを使って擦り合わせ、
　　さらさらとした砂状にする。

④　③に卵黄とバニラペーストを加えて、カードを使って刻むようにしながら混ぜ合わせる。

⑤　全体的に粉っぽさがなくなってきたら、手で押さえるようにしてひとまとまりにし、
　　ある程度平らにならしてラップに包み、冷蔵庫で最低30分休ませる。
　　このとき、手の熱でバターが溶けないように素早く作業する。

⑥　⑤のラップをはがし、打ち粉をして麺棒で2mm程の厚さにのばす。

⑦　好みの型に打ち粉を付けて⑥を抜く。この時点で、同じく打ち粉を付けた丸い口金を使って
　　めがねモチーフにくり抜く。途中、生地がだれてきたら、都度冷蔵庫で冷やし固めながら作業する。

⑧　天板にシルパン（なければクッキングシート）を敷き、⑦を並べ170℃のオーブンで13分程焼成。
　　薄いきつね色になったら取り出して冷ます。
　　※焼成時間は、オーブンの種類や一度に焼く生地の量により多少違うので、焼き色を見る。

◆ ジャムを煮詰める

①　市販のジャムとレモン果汁を耐熱容器に入れて、電子レンジ500Wで1〜2分ごとに様子を見ながら、
　　クッキーの間にはさんでも垂れてこないようになるまで水分を飛ばす
　　（元のジャムの状態にもよるが、だいたい半分程の量に減る）。

②　①に落としラップをして乾燥を防いだ状態で冷ます。

◆ 仕上げ

2枚のクッキーの間に約10gのジャムをはさんで、上に飾り用粉糖をかける。

MEMO
2枚のサブレの厚みと、ジャムの量のバランスが、味わいを決める大きなポイント。次のステップと
して、手作りのベリージャム（p.9）を使用すれば、おいしさも倍増。

Gâteau au chocolat（ガトーショコラ）

表面はサクッと軽く、中はしっとりとしたチョコレートのコクを
しっかり感じられるケーキ。ホイップクリームを添えるのもおすすめ。

材料（直径18cmの丸型1台分）

- クーベルチュール・チョコレート（55～60%）　80g
- 無塩バター　55g
- 生クリーム（できれば乳脂肪分47%）　80g
- 卵黄　60g（L玉約3個分）
- 卵白　90g
- グラニュー糖　110g
- 薄力粉　35g
- カカオパウダー　30g

下準備

卵黄、卵白を室温に戻しておく。
型にクッキングシートを敷いておく。
薄力粉とカカオパウダーを合わせてふるっておく。
オーブンを180℃予熱しておく。

作り方

① ボウルに、チョコレートと1cm角に切ったバターを入れて、湯煎（50～55℃）にかけて溶かす。

② 小鍋に生クリームを入れて温めて、50℃程度になったら、
　①に少しずつ加えながらホイッパーでボウルの中央から円を描くようにやさしくなじませる。

③ ②に卵黄を2回に分けて加えて、ホイッパーでつやが出るまでやさしく混ぜる。
　※ボウルの中の生地の温度が下がってしまうと流動性が悪くなるため、
　メレンゲと粉類を加えるまでは都度湯煎にかけ、30～40℃に保つ。

④ ボウルに卵白を入れて、グラニュー糖を2～3回に分けながらハンドミキサーで泡立て、
　つやがありやわらかな角が立つ程度のメレンゲにする。
　※かたく泡立てすぎると生地になじみが悪くなるので注意する。

⑤ ③に④のメレンゲの半量を加えて、ホイッパーでむらなく混ぜ合わせる。

⑥ ⑤に薄力粉とカカオパウダーを再度ふるいながら加えて、ゴムベラで軽く合わせる。
　粉気が少し残っていてもOK。

⑦ ④の残りのメレンゲに⑥を全て加え、ゴムベラで大きく混ぜ合わせ、
　メレンゲの筋が見えなくなりつやが出てきたら生地の完成。

⑧ 型に⑦を流し入れ180℃に温めたオーブンで30～40分焼成する。

⑨ 竹串をさし、ほろほろとした生地が少し付いてくるくらいになれば、
　オーブンから取り出しケーキクーラーに型のままのせ、粗熱を取る。

Gâteau Week-End
（ウィークエンドシトロン）

フランスでは、週末に大切な人たちと食べるケーキ。生地はしっとりとした食感が
続くように仕上げ、レモンの効いたアイシングも欠かせません。

材料（縦18×幅8cmのパウンド型1本分）

- サワークリーム　80g
- レモンの皮すりおろし　2.5g（約1/2個分）
- 全卵　135g
- グラニュー糖　190g
- 薄力粉　50g
- 強力粉（はるゆたか）　50g
- ベーキングパウダー　5.5g
- 無塩バター（できれば無塩発酵バター）　55g
- レモン果汁　25g（約1個分）
- 純粉糖　100g
- レモン果汁（アイシング用）　20g
- ピスタチオ　10g

下準備

サワークリーム、全卵は室温に戻しておく。

薄力粉と強力粉、ベーキングパウダーは合わせてふるっておく。

型に、クッキングシートを敷いておく。

ピスタチオは150℃のオーブンでローストして刻んでおく。

オーブンは170℃に予熱しておく。

作り方

① ボウルにサワークリームを入れて、ゴムベラでなめらかにし、
レモンの皮すりおろしを加えて混ぜる。

② 別のボウルに全卵とグラニュー糖を入れて、ホイッパーでしっかりと擦り混ぜる。
卵が冷たい場合は、ボウルの底を少し湯煎にかけて人肌に温める。

③ ②に①を少しずつ加え混ぜる。

④ ③にふるった薄力粉と強力粉、ベーキングパウダーを加えて、ホイッパーでなめらかになるまで
合わせる。

⑤ ボウルにバターとレモン果汁を入れて、生地全体をうまく乳化させるため湯煎にかけ、
40℃まで温める。

⑥ ④に⑤を少しずつ加えながら、ホイッパーでなじませる。

⑦ ⑥にラップをして、冷蔵庫で最低2時間（できれば一晩）休ませる。
※レモン果汁の酸がなじむことで、グルテンの粘りを落ち着かせ、
生地をきめ細かくしっとりとさせるため。

⑧ 冷蔵庫から出したら、底にバターやレモンの層が沈んでいる可能性があるので
ゴムベラでやさしく生地を均一にして型に流す。

⑨ ⑧を天板にのせ、170℃のオーブンで30分、途中反転させてからさらに15分程焼成する。

⑩ 焼けたら型から取り出して、冷ます。

⑪ アイシングを作る。純粉糖にレモン果汁を加えて、ホイッパーでなめらかにする。

⑫ ⑩が完全に冷めたら、⑪をゆっくりとかけて、刻んだピスタチオを飾る。

〈難易度〉 ★★★

1章／西欧・北欧・東欧のおやつ

MEMO

夏場は冷蔵庫で冷やしてから、薄くスライスして食べるのがおすすめ。

Cake écossais（ケークエコセ）

フランスのアルザス地方とドイツで親しまれる、
アーモンドを使ったツートンカラーのケーキ。

材料（15×6×高さ5cmのパウンド型1台分）
※クグロフやトヨ型など、特徴的な形で美しく仕上げるのもおすすめ。

◆ カカオダックワーズ生地
- アーモンドダイス（あれば） 25g
- 卵白 60g（L玉約1.5個分）
- グラニュー糖 20g
- アーモンドパウダー 35g
- 粉糖 25g
- カカオパウダー 8g

◆ アーモンド生地
- 無塩バター 50g
- 全卵 60g（L玉約1個分）
- グラニュー糖 40g
- 薄力粉 10g
- アーモンドパウダー 50g
- アールグレイパウダー 1g
- ベーキングパウダー 1g
- オレンジピール 15g

下準備
型に、刷毛で溶かしたバター（分量外）を塗り、アーモンドダイスを敷きつめ、冷蔵庫に入れておく。
カカオダックワーズ用の卵白は冷蔵庫で冷やしておく。
全卵は室温に戻しておく。

作り方

◆ カカオダックワーズ生地を作る
❶ ボウルに卵白を入れて、グラニュー糖を2〜3回に分けて加えながらハンドミキサーで
　　角が立つまでしっかりと泡立てる。
❷ ❶にアーモンドパウダー、粉糖、カカオパウダーをふるいながら加えて、ゴムベラで合わせる。
❸ ❷を、準備しておいた型の底と側面全体に敷く。

◆ アーモンド生地を作る
❶ オーブンを160℃に予熱し始める。ボウルにバターを入れて、湯煎で溶かしておく
　　（40℃程の温度に保つ）。
❷ 別のボウルに全卵、グラニュー糖を入れてホイッパーで白っぽくもったりとするまで泡立てる。
❸ ❷に薄力粉とアーモンドパウダー、アールグレイパウダー、ベーキングパウダーをふるいながら
　　加えて、ゴムベラで合わせ、最後に❶とオレンジピールを加えて混ぜる。
❹ カカオダックワーズ生地の上から、❸のアーモンド生地を流して160℃のオーブンで
　　50分〜1時間焼成する。

Macarons d'amiens（マカロンダミアン）

フランスのアミアン地方の伝統的菓子。
中央はねっちりとした食感と、アーモンドの香りが香ばしい。

材料（約15個分）
- アーモンドパウダー　160g
- 純粉糖　125g
- アプリコットピューレ（なければアプリコットジャム）　20g
- バニラペースト　1g
- 蜂蜜　20g
- 卵黄　12g
- 卵白　25g
- 打ち粉（強力粉）　適量

- 卵黄（つや出し用）　20g
- 水（つや出し用）　20g

下準備
オーブンは180℃に予熱しておく。

作り方
① ボウルに、アーモンドパウダーと純粉糖をふるい入れる。
② 別のボウルに、アプリコットピューレ、バニラペースト、蜂蜜、卵黄、卵白を入れて
　 ホイッパーで混ぜる。
③ ①に②を加えて、ゴムベラである程度ひとかたまりにしたら、
　 手でなめらかになるまで混ぜ合わせる。
④ 打ち粉をして麺棒で1cmの厚さにのばし、バットに入れラップをかけ、冷凍庫で最低1時間休ませる。
　 ※とてもやわらかい生地なので、冷凍庫で扱いやすい生地にしてから型抜きをする。
⑤ 直径約4cmの丸い抜き型に打ち粉を付け、④を抜く。
⑥ 天板にシルパン（なければクッキングシート）を敷き、⑤を並べる。
　 卵黄と水を溶き合わせたら刷毛で二度薄く塗る。
⑦ 180℃のオーブンで12〜15分焼いて、途中、天板を反転させ、
　 やさしいきつね色になったら取り出して冷ます。

🇬🇧 イギリスのおやつ

Scone（スコーン）プレーン

世界でも愛されるイギリスのお茶菓子。ザクッとした歯ごたえを大切にしながらも
口の中でもたつかないように、薄力粉の選定と生地をこねすぎないことが重要。

材料（約4個分）
- 無塩バター（できれば発酵バター）　60g
- 薄力粉（クーヘン）　150g
- 製菓用全粒粉　50g
- ベーキングパウダー　10g
- きび砂糖　30g
- 卵黄　20g（L玉約1個分）
- 牛乳　50g
- 無糖ヨーグルト　50g
- 溶き卵（つや出し用）　適量

下準備

バターを1cm角に切って冷蔵庫で冷やしておく。

ボウルに薄力粉と全粒粉、ベーキングパウダー、きび砂糖を入れてホイッパーで合わせておく（夏場は冷蔵庫で冷やしておく）。

ボウルに卵黄と、牛乳、ヨーグルトを合わせて混ぜて冷蔵庫で冷やしておく。

オーブンは200℃に予熱しておく。

作り方

① 薄力粉と全粒粉、ベーキングパウダー、きび砂糖を合わせたボウルへバターを加えて、
　カードでバターを刻みながら粉をまぶすように合わせる。

② バターのかたまりが細かくなったら手のひらを擦り合わせるようにして粉状にする。

③ ②に、ボウルに下準備しておいた卵黄、牛乳、ヨーグルトを加え、
　カードを使って練らずに切るように合わせる。
　粉っぽさが少し残る程度で止め、生地を軽くひとまとめにする。
　※ここまでの作業途中にバターが温かくなってしまったら、
　冷蔵庫で冷やしてから作業を再開する。フードプロセッサーを使うと便利。

④ 生地を上下ラップではさみ、麺棒を使って厚さ2mm程の楕円形にのばす。

⑤ 上のラップを取り、生地の長辺を両側から1/3ずつ折りたたんで、3つ折りにする。

⑥ 生地の向きを90度回転させて、④⑤を繰り返して3つ折りにする。

⑦ 再度ラップではさみ、厚さ2.5cmにのばして、冷蔵庫で最低30分休ませる。

⑧ 包丁で四方の端を切り落とし4等分にカットする。

⑨ 天板にクッキングシートを敷き⑧を並べて、上部に刷毛でつや出し用の溶き卵を塗る。

⑩ 200℃に温めたオーブンで15分焼成し、180℃に下げたら再度10分焼成し、
　焼き上がったらケーキクーラーにのせて冷ます。

MEMO

食べる際には、クロテッドクリームやクリームチーズ、フルーツジャムを添えて。

1章／西欧・北欧・東欧のおやつ

イギリスのおやつ

Carrot Cake（キャロットケーキ）

イギリスのティータイムでは定番のお菓子。すりおろした人参を練り込んだ
スパイシーな生地は、甘さ控えめでしっとりと焼き上げるのがポイント。

材料（直径15cmの丸型1台分）

◆ **生地**
・全卵　60g（L玉約1個分）
・植物油　50g
・きび砂糖　60g
・薄力粉　50g
・強力粉　50g
・ベーキングパウダー　4g
・塩　1g
・シナモンパウダー　1.5g
・ナツメグパウダー　0.5g
・ジンジャーパウダー　0.5g
・人参
（皮をむきすりおろして正味）150g
・クルミ　40g
・ドライレーズン　25g
・オレンジ果汁　10g
・オレンジの皮すりおろし
約1/2個分

◆ **チーズフロスティング**
・クリームチーズ　150g
・無塩バター　30g
・水切りヨーグルト　20g
（約50gのヨーグルトを使用）
・純粉糖　40g
・レモン果汁　10g

〈難易度〉★★

下準備

全卵は室温に戻しておく。型にクッキングシートを敷いておく。
クルミはオーブンでローストして、粗く刻んでおく。ドライレーズンは湯通ししておく。
オーブンは180℃に予熱しておく。チーズフロスティング用のヨーグルトを水切りしておく。
チーズフロスティング用のクリームチーズ、バターを室温に戻しておく。

作り方

1. ボウルに全卵、植物油、きび砂糖を加えて、ハンドミキサーで
きび砂糖が溶けるまでしっかりと混ぜ合わせる。
2. ①に薄力粉、強力粉、ベーキングパウダー、塩、シナモンパウダー、ナツメグパウダー、
ジンジャーパウダーを合わせてふるい入れ、ゴムベラで混ぜ合わせる。
3. ②にすりおろした人参、クルミ、ドライレーズン、オレンジ果汁、オレンジの皮すりおろしを加えて
ゴムベラで合わせる。
4. ③を型に流して、180℃のオーブンで30分、170℃に温度を下げて15～20分焼成する。
5. 竹串で刺して生焼けの生地が付いてこなければ、取り出して粗熱を取る。
6. チーズフロスティングを作る。
ボウルに、クリームチーズ、バター、水切りヨーグルトを入れて、ホイッパーでクリーム状にする。
粉糖、レモン果汁を加えて合わせる。
7. ケーキが冷めたら、表面にチーズフロスティングを塗る。冷蔵庫で保存する。

Eton Mess（イートンメス）

メレンゲをザクザクつぶし、全てのパーツを混ぜ合わせて食べるスタイルのデザート。
メレンゲ＝甘いというイメージがいい意味で覆されるひと皿です。

材料（コップやグラス4個分）

◆ メレンゲ
・卵白　50g
・グラニュー糖　45g
・純粉糖　50g

◆ ベリーソース
・イチゴやラズベリー（冷凍でも可）
　100g
・グラニュー糖　50g

・生クリーム　200g
・バニラアイスクリーム（市販）　200g
・イチゴやラズベリーなど　適量

◆ オプション　※盛り付ける際に好みで
・渋皮栗、栗ペースト（ベリー系の果物との相性〇）
・キルシュやホワイトラム酒（生クリームをホイップする際に5%程加える）
・アーモンドスライスなどのローストしたナッツ
・ミントやタイム

作り方
◆ メレンゲを作る
① ボウルに卵白を入れて、ハンドミキサーで攪拌したら、グラニュー糖を3回に分けて加えながら、
　 しっかり角が立つまで泡立てる。
② 粉糖を①にふるい入れて、ゴムベラで混ぜ、つやのあるメレンゲに仕上げる。
③ クッキングシートを敷いた天板に、②をスプーンですくって好きな形にのばすか、絞り袋に入れて絞る。
④ 65～70℃に予熱したオーブンで約2時間焼成する。
　 ※低温が調節できない家庭用オーブンの場合は100～110℃で約1時間焼成する
　 （仕上がりは焼き色が付く）。
⑤ しっかり乾燥したら、取り出して冷まし、乾燥剤を入れた容器に密閉して保管する。

◆ ベリーソースを作る
① 鍋に、細かく刻んだ果物とグラニュー糖を入れて、ゴムベラで混ぜながら中火で
　 とろみが付くまで火を入れる。
② ボウルに取り出して、氷をボウルの底に当てて冷ます。

◆ ホイップクリームを作る
ボウルに生クリームを入れて、ハンドミキサーで泡立てホイップクリームを作る。（7分立て）

◆ 組み立てる
崩したメレンゲ、バニラアイスクリーム、ホイップクリーム、ベリーソース、カットした果物、
メレンゲ、好みのオプションの順に盛り付ける。

〰〰〰〰〰〰〰〰〰〰〰〰〰〰〰〰〰〰〰〰〰〰〰〰〰〰〰〰〰〰〰〰〰〰〰〰

MEMO
組み合わせも、各パーツの量も自由に楽しめるのがこのデザートの特徴。
あえてメレンゲをつぶしながら全ての層を混ぜ、一緒にすくって食べるのがおすすめ。

〰〰〰〰〰〰〰〰〰〰〰〰〰〰〰〰〰〰〰〰〰〰〰〰〰〰〰〰〰〰〰〰〰〰〰〰

Apple Crumble（アップル・クランブル）

とろとろのリンゴとザクザクのクランブルに、カスタードソースをかける
イギリスらしいおやつ。ソースをからめながらスプーンで豪快に食べてみて。

材料（16×18cm程のグラタン皿）

◆ **クランブル**
・無塩バター　80g
・きび砂糖　60g
・薄力粉（エクリチュール）　100g
・アーモンドパウダー　40g
・シナモンパウダー　3.5g
・塩　1g

◆ **リンゴのソテー**
・リンゴ（紅玉など酸味が強い品種がおすすめ）
　正味600g（大約3個分）
・グラニュー糖　60~80g（リンゴの酸味により調整する）
・無塩バター　18g
・レモン果汁　15g

◆ **カスタードソース**
・バニラビーンズ　1/4本分
・牛乳　200g
・卵黄　26g
・グラニュー糖　25g
・コーンスターチ　6g
・カルバドス　でき上がったソースの3%

◆ **焼成・仕上げ**
・ドライレーズン　50g
・飾り用粉糖　適量

クランブル用のバターを室温に戻しておく。

作り方

◆ クランブルを作る

❶ ボウルにバターを入れて、ホイッパーでクリーム状にし、きび砂糖を加えてよく擦り混ぜる。

❷ ❶に、薄力粉、アーモンドパウダー、シナモンパウダー、塩をふるい入れて
ゴムベラかカードで混ぜ、1～1.5cm程のかたまりができてきたら、冷蔵庫で冷やす。

◆ リンゴのソテー

❶ 皮をむいたリンゴをくし形に8等分し、さらに8mm程度のいちょう切りにする。

❷ 熱したフライパンに、グラニュー糖を少しずつ加えてきつね色になるまで溶かしたら、
バターと❶を加えて、中火でこっくりするまで加熱し、火を止めてからレモン果汁を加える。

◆ カスタードソースを作る

❶ 鍋に、縦に裂いたバニラビーンズと牛乳を入れて火にかけ、沸騰直前まで温める。

❷ ボウルに卵黄を入れてホイッパーでほぐし、グラニュー糖を加える。
少し白っぽくなるまで混ぜたら、コーンスターチを加えてさらに混ぜる。

❸ ❷に❶を加えて溶きのばしたら、鍋に戻す。ゴムベラを絶えず動かしながら、
焦がさないように弱火で加熱する。

❹ ソースにとろみが出てきたら、網でこしながらボウルに移し、カルバドスを加えて、
氷水にボウルを浸し素早く冷ます。

◆ 焼成・仕上げ

❶ グラタン皿にリンゴのソテーを敷き詰め、ドライレーズンとクランブルを散らす。

❷ 180℃に予熱したオーブンで30分間焼成する。

❸ 粗熱が取れたら皿に盛り付け、温めたカスタードソースと飾り用粉糖をかける。

〰〰〰〰〰〰〰〰〰〰〰〰〰〰〰〰〰〰〰〰〰〰〰〰〰〰〰〰〰〰〰〰〰〰〰〰〰〰〰

MEMO
全て冷蔵庫で冷やしてもよいが、カスタードソースは温かいままで、冷たいクランブルとの組み合わせを楽しむのもおすすめ。

〰〰〰〰〰〰〰〰〰〰〰〰〰〰〰〰〰〰〰〰〰〰〰〰〰〰〰〰〰〰〰〰〰〰〰〰〰〰〰

Lemon Polenta Cake
（レモンポレンタケーキ）

とうもろこしでできたポレンタ粉が生む、独特な食感が特徴のケーキ。
ルバーブが手に入れば、酸味のあるジューシーなソースとして相性抜群です。

材料（直径18cmの丸型1台分）

◆ 土台のケーキ
・コーンミール　50g
・アーモンドパウダー　100g
・ベーキングパウダー　2.5g
・無塩バター　100g
・グラニュー糖　100g
・全卵　100g
・バニラオイル　1g
・レモンの皮すりおろし　1個分

◆ シロップ
・レモン果汁　60g
・グラニュー糖　30g

◆ ルバーブのコンフィチュール
・フレッシュルバーブ　400g
・グラニュー糖（下ごしらえ用）　100g
・グラニュー糖（煮込み用）　100g
・レモン果汁　20g

オーブンを170℃に予熱しておく。バター、全卵は室温に戻しておく。

作り方

◆ 土台のケーキを作る

① コーンミール、アーモンドパウダー、ベーキングパウダーは合わせてふるっておく。

② ボウルに、バターを入れてホイッパーでクリーム状にして、グラニュー糖、
レモンの皮すりおろしを加えて、練り混ぜる。

③ ②に、溶いた全卵とバニラオイルを数回に分けながら加えて、都度ホイッパーで混ぜる。

④ ③に①を加えてゴムベラで合わせる。

⑤ クッキングシートを敷いた型に④を移して、170℃のオーブンで20～30分焼成する。

◆ シロップを作る

① 鍋に、レモン果汁とグラニュー糖を加えて、弱火にかけてグラニュー糖が溶けたら
火からおろして冷ます。

② 土台のケーキが焼き上がったら、オーブンから出して冷まし、
粗熱が取れたら①を上からゆっくりかけて染み込ませる。

◆ ルバーブのコンフィチュールを作る

① ルバーブに葉が付いている場合には取り除き、茎だけよく水洗いして3cm幅にカットする。

② ボウルに①を入れて、上から下ごしらえ用のグラニュー糖を全体にまぶす。
ラップをしてルバーブから水分が出てくるまで半日おく。

③ 鍋に②を移して中火にかける。沸騰したら弱火にして、たまに混ぜながらアクが出たらすくい取る。

④ ルバーブの形が崩れてきたら、煮込み用のグラニュー糖とレモン果汁を加えて、
軽くとろみが出るまで煮詰める。
※煮込みすぎるとかたいジャム状になってしまうので注意する。

⑤ ボウルに取り出して落としラップをし、氷水にボウルを浸し冷ます。

⑥ レモンポレンタケーキの上に、汁ごと盛り付けて飾る。

MEMO
酸味の効いたジューシーなルバーブのコンフィチュールを添えると、味わいと香りのアクセントに

〈難易度〉
★
★
★

49

1章／西欧・北欧・東欧のおやつ

Banoffee Pie（バノフィーパイ）

市販の全粒粉ビスケットとコンデンスミルクを使えば、気軽におうちデザートの完成。
全ての層が口の中でひとつになり、絶妙なマリアージュを楽しめます。

材料（直径21cmのパイ皿1台分）

◆ **トフィーソース**
・コンデンスミルク　240g（チューブ約2本）

◆ **バナナのキャラメリゼ**
・バナナ　480g（5〜6本）
・無塩バター　40g
・カソナード（もしくはきび砂糖）　40g
・シナモンパウダー　1.5g
・ナツメグパウダー　1g
・ラム酒　30g

◆ **ビスケット生地**
・全粒粉ビスケット　120g
・無塩バター　30g
・卵白　15g（L玉約1/2個分）

◆ **トッピング**
・生クリーム　160g
・グラニュー糖　16g
・スライスローストアーモンド、カカオパウダー、
　カカオニブ、チョコスプレーなど（好みで）

下準備

パイ皿の内側にバター（分量外）を塗り、底にクッキングシートを敷き冷蔵庫に入れておく。

作り方

◈ トフィーソースを作る

鍋にお湯を沸かし、チューブ入りのコンデンスミルクを未開封のまま入れ、弱火で2時間火にかける。途中、熱むらのないように上下の向きを変えながら、また常に容器が完全にお湯につかっているように足し湯を忘れずに行う。

◈ バナナのキャラメリゼを作る

① 皮をむいたバナナを約5mmにスライスする。
② ボウルにカソナードとシナモンパウダー、ナツメグパウダーを入れて合わせておく。
③ 熱したフライパンにバターと②を入れ、溶けたら、バナナを加えてソテーする。
④ バナナがこんがりとしてきて、とろみが出てきたらラム酒を加えて合わせる。

◈ ビスケット生地を作る

① バターを湯煎にかけて溶かす。ビスケットは厚手のポリ袋に入れて、
　 麺棒でたたくかフードプロセッサーに入れて細かく砕く。
② ボウルにビスケットと溶かしたバター、卵白を入れてゴムベラでまんべんなく合わせる。
③ パイ皿に②を入れて、手で型に沿って押し付けながら敷き詰める。
　 170℃に予熱したオーブンで約10分焼成する。

◈ 組み立てる

① ボウルに生クリームとグラニュー糖を入れて、ハンドミキサーで8分立てにする。
② 焼成したビスケット生地の上にトフィーソースをのせて、ゴムベラを使って平らにならし、
　 バナナのキャラメリゼをのせ同じようにならす。
③ ②の上に①をのせデコレーションして、好みのトッピングを施す。

〈難易度〉 ★★☆

51

1章／西欧・北欧・東欧のおやつ

~~~~~~

MEMO

パイ皿がない場合、各パーツを別々に作ってグラスなどの器に順番に盛り付けると、パフェ感覚で楽しめます。

~~~~~~

Appelbeignet（アップルベニエ）

オランダの冬の屋台の人気者。フレッシュなリンゴの果汁と香りを衣で包み込んだ、
老若男女に愛されるジューシーでシンプルな揚げ菓子です。

材料（約5個分）
・薄力粉　175g
・グラニュー糖（生地用）　50g
・全卵　55g（L玉約1個）
・牛乳　175g

・リンゴ　大1個
・グラニュー糖（リンゴ用）　50g
・シナモンパウダー　5g

・揚げ油　適量
・グラニュー糖（仕上げ用）　適量

作り方
① ボウルに薄力粉をふるい入れて、グラニュー糖（生地用）、全卵、牛乳の順番に加えて、
　都度ホイッパーで混ぜ合わせる。
② リンゴの皮をむき、芯の部分を丸い抜き型やナイフを使ってくり抜き、1cm幅の輪切りにする。
③ ボウルにグラニュー糖（リンゴ用）とシナモンパウダーを合わせて混ぜてから、②を入れてからめる。
④ ③のリンゴに①の衣をからめて全体を覆ったら、170℃に熱した油に入れて、途中ひっくり返しながら、
　きつね色になるまで揚げる。
　※あまり触りすぎると、衣がはがれてしまうので注意。じっくり10分程揚げれば、
　リンゴに火が入りとろとろになる。
⑤ 揚がったら、取り出して油を切り、熱いうちにグラニュー糖（仕上げ用）をまぶす。

MEMO
リンゴは、実がしっかりしていて酸味の感じられる紅玉などがおすすめ。

1章／西欧・北欧・東欧のおやつ

オランダのおやつ

Speculaas（スペキュラース）

オランダ語で「スパイス」を意味する同国定番のクッキー。薄く焼き上げることで、
練り込まれた数種類のスパイスが芳ばしく口の中に広がります。

材料（作りやすい分量）

- ・無塩発酵バター　93g
- ・薄力粉　175g
- ・ヴェルジョワーズ（てんさい糖でも可）　125g
- ・塩　1.5g
- ・シナモンパウダー　5g
- ・ナツメグパウダー　2.5g
- ・クローヴパウダー　1.3g
- ・カルダモンパウダー　1.3g

- ・ジンジャーパウダー　1.3g
- ・卵黄　38g（L玉約2個分）
- ・打ち粉（強力粉）　適量

下準備

バターを1cmの角切りにして、冷蔵庫で冷やしておく。

オーブンを170℃に予熱しておく。

作り方

① ボウルに、薄力粉、ヴェルジョワーズ、塩、スパイス各種を一緒にふるい入れる。

② ①に冷えたバターを加えて、カードを使い粉類をバターにまとわせながら、
バターが細かく（5mm角以下に）なるまで切り混ぜる。

③ 指でバターをつまむようにしてすりつぶすか、手のひらを使って擦り合わせ、
さらさらとした砂状にする。

④ ③に卵黄を加えて、カードを使って刻むようにしながら混ぜ合わせる。

⑤ 全体的にさらさらと均一な状態になったら、ひとまとまりにしてラップに包み、
冷蔵庫で最低30分休ませる。

⑥ ⑤を冷蔵庫から取り出して手で少しほぐしながらなめらかにし、打ち粉をした麺棒で
厚さ約2.5mmにのばして好きな型で抜く。
※余った生地は再度ひとまとまりにして使用可能。

⑦ 天板の上にシルパン（なければクッキングシート）を敷き、⑥を並べ170℃のオーブンで
12分程焼成する。

⑧ パリッとした歯ごたえになるまで焼けたら、取り出して冷ます。

Pannenkoek（パンネクック）

オランダ版パンケーキは、お皿いっぱいに広がる大きさと薄さが特徴。
現地の専用粉の代わりに、国産強力粉を使いもちもちとした食感に仕上げます。

材料（直径22cm　約6枚分）
- 強力粉（はるゆたか）　150g
- 薄力粉　100g
- ベーキングパウダー　2g
- グラニュー糖　30g
- 塩　1g
- 全卵　60g（L玉1個分）
- 牛乳　500g
- 飾り用粉糖　適量
- メープルシロップ　適量

※メープルシロップ：黒蜜を3：1で合わせれば、現地オランダのシロップに近い味わいを楽しめる。

作り方

① ボウルに強力粉、薄力粉、ベーキングパウダー、グラニュー糖、塩をふるい入れる。

② 別のボウルに、全卵を溶き入れて牛乳と一緒にホイッパーで合わせる。

③ ①に②を少しずつ加えながら、ホイッパーで混ぜ合わせる。

④ ③にラップをして、冷蔵庫で最低30分休ませる。

⑤ 直径25cm程のフライパンに薄く植物油（分量外）を塗り、中弱火にかけて熱したら、
④の生地をお玉で1杯すくって流し入れ、お玉の底をくるくると回しながら
生地を円形に広げる（1杯140～150gが目安）。

⑥ ふちがパリパリとして片面が焼けたら、フライ返しを使って裏返す。

⑦ 上下面ともこんがりきつね色に焼けたら、平皿に取り出し温かいうちに
粉糖とメープルシロップをかける。

アレンジ

◆ **プレーン生地にトッピング**

焼き上がった生地をお皿に移し、食べる際に、バニラアイスクリーム、ホイップクリーム、
チョコレートソース、キャラメルソース、バナナ、ラムレーズン、ナッツ各種などの中から、
好みのものを組み合わせてみて。

◆ **生地そのものをアレンジ**

まず、具材をフライパンで調理して、その上から上記レシピ通りに液体の生地を流し、
具材も一緒に焼き上げる。

● **ハム＆チーズ**（生地1枚あたり　ハムもしくはベーコン2枚、チーズ15g）

ハムをフライパンで焼き、生地を流して上下焼いたあと、上からチーズをのせて
フライパンにふたをしてチーズを溶かす。

● **リンゴ＆ラムレーズン**（生地1枚あたり　リンゴ（紅玉）1/2個、バター3g、グラニュー糖5g、
ラム酒漬けレーズン10g、シナモン好みの量）

リンゴの皮をむき、芯をくり抜き、約3mm程の厚さにスライスしておく。
フライパンにバターとグラニュー糖を入れて溶かし、スライスしたリンゴを入れてきつね色になって
こっくりとするまでソテーする。そこに、生地を流して焼き上げる。
食べる際に、ラムレーズンを散らしたり、粉糖、メープルシロップに加え、
シナモンパウダーも好みでふりかける。

Oliebollen（オリボーレン）

オランダの冬の風物詩。ふわふわでエアリーな生地が特徴で、
表面が真っ白になるまで粉糖をかけてかぶりつけば、現地の屋台気分を味わえます。

材料（約8個分）
- 強力粉（はるゆたか） 160g
- 薄力粉 90g
- グラニュー糖 40g
- 塩 1g
- インスタントドライイースト 12g
- 全卵 110g（L玉約2個分）
- レモン果汁（レモンの皮すりおろし） 6g
- 牛乳 140g
- 無塩バター 24g
- ドライレーズン 50g
- 揚げ油 適量
- 粉糖 適量

下準備
全卵、バターを室温に戻しておく。ドライレーズンを熱湯で戻しておく。
クッキングシートを10枚程（でき上がりの数に準じる）、10cm四方に切っておく。

作り方
① ボウルに、強力粉、薄力粉、グラニュー糖、塩、インスタントドライイーストを入れて、
ホイッパーで合わせておく。
② ①に、全卵、レモン果汁、人肌程度に温めた牛乳を加えてゴムベラを使って混ぜ、
ひとかたまりになったら、ある程度グルテンの粘りが出るまで手でこねる。
③ バターを加えさらにこね、はり・つやが出てきたら、ドライレーズンを加えてひとつに丸める。
④ ③を、植物油（分量外）を塗ったボウルに移し、ラップで覆い、
約2倍程度に膨らむまで発酵させる（30℃で1時間が目安）。
⑤ 植物油（分量外）を付けたスプーンか手を使って、④の生地をボウルの底からすくいながら
空気を抜く。
⑥ 下準備をしておいたクッキングシートの上に、⑤を1つ55～60gに分割し、
上からぬれ布巾などで覆い、約2倍の大きさになるまで発酵させる（30℃で30分が目安）。
⑦ 160～170℃に熱した油に、クッキングシートにのせたままの生地を入れて、
ころころ丸く転がしながら濃いきつね色に揚げる（約8分が目安）。
※生地から離れたクッキングシートは都度取り除く。
※油の温度が高すぎると、中央が生焼けのまま外側が焦げてしまうので注意が必要。
⑧ 粗熱が取れたら、粉糖をたっぷりまぶす。

🇸🇪 スウェーデンのおやつ

Drömmar（ドロンマル）

スウェーデン語で「夢」という意味を持つ焼き菓子。
シンプルな材料と見た目ながらも、独特な香りと食感を楽しめます。

材料（約10個分）

- 無塩バター　50g
- グラニュー糖　35g
- バニラオイル　0.5g
- 薄力粉　80g
- 重曹　1.2g

下準備

バターは室温に戻しておく。オーブンを150℃に予熱しておく。

作り方

① ボウルにバターを入れてホイッパーでクリーム状にしてから、グラニュー糖とバニラオイルを加え、
　 白っぽくもったりとするまで混ぜる。

② ①に薄力粉と重曹を合わせてふるい入れて、ゴムベラで合わせる。
　 生地をひとまとめにしてラップで包み、冷蔵庫で最低1時間寝かせる。

③ ②を1個15g程に分けて丸め、クッキングシートを敷いた天板の上に並べる。
　 焼くと広がるので、間隔を空ける。

④ 150℃のオーブンで25～30分焼成する。

■■ スウェーデンのおやつ

Hallongrottor（ハッロングロットル）

ぼってりとした見た目にもかわいらしい焼き菓子は、スウェーデンのおやつの定番。
ほろっとした食感の生地に、甘酸っぱいジャムを詰めます。

材料（約8個分）

- ・無塩バター　50g
- ・粉糖　12g
- ・バニラオイル　0.5g

- ・薄力粉（ドルチェ）　65g
- ・片栗粉　15g

- ・打ち粉（強力粉）　適量
- ・ベリージャム　45g　※作り方はp.9参照。

下準備

オーブンを170℃に予熱しておく。バターは室温に戻しておく。

作り方

① ボウルにバターを入れホイッパーでクリーム状にしたら、粉糖をふるいながら加えて、
　白っぽくなるまでよく混ぜる。

② ①にバニラオイルを加え、薄力粉と片栗粉を合わせてふるい入れたらゴムベラでさっくりと合わせる。

③ 生地を8等分に分けたら、打ち粉をした手で1個ずつ丸めて、指で中央にくぼみを作りながら、
　形を整える。

④ クッキングシートを敷いた天板に並べて、くぼみにベリージャムを詰める。

⑤ 170℃のオーブンで15分程焼成する。

Sockerkaka（ソッケルカーカ）

「砂糖のケーキ」とういう意味を持つ、スウェーデン版スポンジケーキ。
バターをぜいたくに使い、カルダモンを香らせた上品な味わいが特徴です。

材料（直径15cmのクグロフ型1台分）※自宅で手に入る型で代用可。

・有塩バター　60g
・全卵　60g（L玉約1個分）
・きび砂糖（もしくはグラニュー糖）　80g
・薄力粉　90g
・カルダモンパウダー　1.2g
・ベーキングパウダー　3g
・牛乳　50g
・レモンの皮すりおろし　10g

下準備

クグロフ型に刷毛でバター（分量外）を塗って、冷蔵庫に入れておく。
全卵と牛乳は室温に戻しておく。
オーブンを180℃に予熱しておく。

作り方

① ボウルにバターを入れて、湯煎で溶かす（40℃程の温度に保つ）。
② 別のボウルに全卵を入れて溶き、きび砂糖を2回に分けながら加えてハンドミキサーで
　 白くもったりとするまで泡立てる。①を少しずつ加えて、都度ホイッパーでよく合わせる。
③ ②に薄力粉、カルダモンパウダー、ベーキングパウダーを合わせてふるい入れて、
　 ゴムベラでさっくりと合わせる。
④ ③に牛乳とレモンの皮すりおろしを加えて、ゴムベラで合わせて型に流す。
⑤ 180℃のオーブンで約30分焼成する。
⑥ 粗熱が取れたら、型から外す。

MEMO
常温ではもちろん、冷蔵庫で冷やしてもおいしい。
現地では、蜂蜜、カカオパウダー、スパイス、ベリーなどを生地に練り込んだり、様々なアレンジを楽しむ。

Apfelkuchen（アプフェルクーヘン）

ドイツの家庭では定番の焼き菓子。シンプルな生地に、たっぷりリンゴをのせて
焼き上げます。レモンとバニラのほか、スパイスやナッツを加えても◯。

材料（直径15cmの型1台分）
- 無塩バター　120g
- きび砂糖　120g
- レモンの皮すりおろし　5g（レモン1個分）
- 全卵　120g（約L玉2個分）
- バニラオイル　5g
- 薄力粉　120g
- ベーキングパウダー　1g
- リンゴ（できれば紅玉など酸味の強いもの）　1〜2玉　※リンゴの大きさにより個数は調整。

下準備

バターと卵を室温に戻しておく。
オーブンを170℃に予熱しておく。

作り方

① ボウルにバターを入れて、ホイッパーでクリーム状にしてから、
　 きび砂糖とレモンの皮すりおろしを加えて白っぽくなるまでよく擦り混ぜる。
② 別のボウルに全卵とバニラオイルを合わせて溶き、
　 ①に少しずつ加えてその都度ホイッパーで混ぜる。
③ ②に薄力粉とベーキングパウダーをふるいながら加えて、
　 ゴムベラで合わせてクッキングシートを敷いた型に流す。
④ リンゴの皮をむき4等分にする。それぞれ芯を取り、4〜5枚に薄くスライスする。
　 ③の生地の上に放射線状にのせる。
⑤ 170℃のオーブンで45〜50分焼成する。やさしいきつね色になったら取り出して冷ます。

MEMO
アレンジとして、好みのスパイスやブランデーを香らせたり、ドイツでは家庭の数だけレシピが存
在するといわれている。

Schwarzwälder Kirschtorte
（シュヴァルツヴェルダー・キルシュトルテ）

「黒い森のサクランボケーキ」を意味する、カカオ生地とチェリーを使った
キルシュ香るビターなケーキ。デコレーションは自由に楽しんでみて。

〈 材料（直径15cmの円型1台分）〉

◆ **カカオ生地**
・全卵　120g（L玉約2個分）
・グラニュー糖　60g
・薄力粉　50g
・カカオパウダー　10g
・無塩バター　15g

◆ **シロップ**
・水　75ml
・グラニュー糖　35g
・キルシュ　20g

◆ **フィリング**
・チェリー缶の汁　10g
・コーンスターチ　10g
・グラニュー糖　20～40g
　※使用するチェリーの甘さや
　　赤ワインの甘さ次第で調整。
・赤ワイン（もしくはキルシュ）　50g
・シナモンパウダー　1g
・チェリー缶の果肉　150g

◆ **クリーム**
・生クリーム　250g
・グラニュー糖　20g
・キルシュ　15g

◆ **飾り**
チョコレートなど好みで

下準備

薄力粉とカカオパウダーを合わせてふるっておく。型にクッキングシートを敷いておく。
オーブンを170℃に予熱しておく。

作り方

◆ カカオ生地を作る

① ボウルにバターを入れて、湯煎で溶かす（40℃程の温度に保つ）。

② 別のボウルに全卵とグラニュー糖を入れ、混ぜながら湯煎（約60℃）にかけて人肌程度に温める。

③ ②を湯煎から外して、ハンドミキサーを中速～高速にし、
白っぽくもったりとするまで泡立てる。筋が残るくらいまで泡立てたら、ハンドミキサーを低速にして、
きめ細かく均一な状態にする。

④ ③に、薄力粉とカカオパウダーを再びふるいながら加えて、ゴムベラで粉気がなくなるまで合わせる。

⑤ ①に④を大さじ2杯程入れて、ホイッパーで合わせてから④のボウルに戻し入れ、
ゴムベラで合わせる。

⑥ 全体が均一になったら、型に流して台に軽く打ち付けて空気を抜き、
170℃のオーブンで約30分焼成する。

⑦ 焼き上がったら、型を外してクッキングシートは付けたまま網の上で冷ます。

◆ シロップを作る

鍋に全ての材料を入れて火にかけて沸騰させ、グラニュー糖が溶けたら火を止める。

◆ フィリングを作る

① 鍋にチェリー缶の汁、コーンスターチ、グラニュー糖、赤ワイン、シナモンパウダーを加え、
弱火にかける。そのとき、絶えずかき混ぜること。

② とろみが付いてきたらチェリーを加える。チェリーが均一に混ざったら、火からおろす。

◆ クリームを作る

ボウルに材料全てを加え、ハンドミキサーで8分立てに泡立てる。
約180g（サンド用）と約100g（外側用）に分けておく。

◆ 組み立てる

① カカオ生地を3枚にスライスする。

② 底の生地の表面に刷毛でシロップを打ち、サンド用クリームの1/3程度をパレットで平らに塗る。
上からフィリングの1/2を散らす。

③ 真ん中のカカオ生地の両面にシロップを打ち、②の上に重ねる。
残りのサンド用クリームの半分を平らに塗り、フィリングの残り全てを散らす。

④ 上のカカオ生地の両面にシロップを打ち、③の上に重ねる。
残りのサンド用クリームを上部と側面に薄く塗る。

⑤ 外側用のクリームを使って好みのデコレーションに仕上げる。
チョコレートを削ったり、残りのチェリー缶の果肉を使って飾り付けをする。

1章／西欧・北欧・東欧のおやつ

Butterkuchen（ブッタークーヘン）

「ブッター」（＝バター）という名の通り、バターをたっぷりと埋め込んだ発酵菓子。
素朴で家庭的な味わいと、楽しみながら作れる工程にも注目。

材料（作りやすい分量）

- 強力粉（はるゆたか）　100g
- 薄力粉　25g
- グラニュー糖A　30g
- 塩　0.5g
- インスタントドライイースト　2.5g
- 全卵　30g（L玉約1/2個分）
- 卵黄　5g
- 牛乳　60g
- 無塩バターA　30g
- 打ち粉　適量
- 無塩バターB　40g
- グラニュー糖B　25g
- アーモンドスライス（あれば）　30g

下準備

全卵、卵黄、バターAは室温に戻しておく。

作り方

① ボウルに、強力粉、薄力粉、グラニュー糖A、塩、インスタントドライイーストを加えて
ホイッパーで合わせておく。

② ①に全卵、卵黄、人肌程度に温めた牛乳を加えてカードを使って混ぜ、ひとかたまりになったら、
ある程度グルテンの粘りが出るまで手でこねる。

③ ②にバターAを加えてさらにこね、はり・つやが出てきたら、ひとつに丸めてラップで覆い、
2倍近くに膨らむまで発酵させる（30℃で1時間が目安）。

④ 打ち粉をした③の生地をガス抜きしながらひとこねし、麺棒で約1cmの厚さにのばす。
クッキングシートを敷いた天板に移して、ぬれ布巾などで覆い約1.5倍に膨らむまで発酵させる
（30℃で10〜20分が目安）。

⑤ オーブンを190℃に予熱しはじめる。④の生地の表面に、指を使ってランダムにくぼみを作り、
バターBを1cm角にカットしてくぼみの中に入れる。

⑥ グラニュー糖Bとアーモンドスライスを全体にかけて、190℃に予熱したオーブンで
20〜25分焼成する。

Schneeball（シュネーバル）

ドイツ語で「雪玉」を意味するその名の通り、ころりとした形とホロホロの食感が特徴。
揚げ方を工夫することで丸形をきれいに再現できます。

材料（約6個分）

- 無塩バター　50g
- サワークリーム　50g
- グラニュー糖　30g
- 全卵　30g
- 卵黄　20g（L玉約1/2個分）
- ラム酒（もしくは牛乳）　15g
- バニラオイル　1g
- 塩　0.5g
- 薄力粉　200g
- 打ち粉（強力粉）　適量
- 揚げ油　適量
- 粉糖　適量

下準備

バター、サワークリーム、全卵、卵黄は室温に戻しておく。

作り方

① ボウルに、バターとサワークリーム、グラニュー糖を加えて、
　 ホイッパーで白っぽくなるまで擦り混ぜる。

② ①に全卵と卵黄を加えホイッパーでしっかりと混ぜ合わせてから、
　 ラム酒、バニラオイル、塩を加え混ぜる。

③ ②に薄力粉をふるいながら加えて、ゴムベラや手でひとまとまりにする。

④ ③の生地をラップで包み、冷蔵庫で最低1時間休ませる。

⑤ ④を6等分し、打ち粉を打った作業台でそれぞれ厚さ3mm程の長方形にのばす。
　 上下を1cmずつ空けて、1.5cm幅で切り込みを入れる。

⑥ 生地の左右をつかみやさしく持ち上げて、ふわっと丸める。

⑦ 170℃の油に入れて、菜箸などを使って形を丸く整えながら揚げる。

⑧ 油を切ったら、粉糖をまぶす。

MEMO
チョコレート＆ナッツをあしらったり、好みのトッピングも楽しめる。

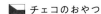

Bábovka（バーボフカ）

チェコの家庭で作られるクグロフ型ケーキで、各家庭ごとにレシピが異なるとか。
今回は、定番のバニラとココアのマーブルケーキを紹介します。

材料（直径15cmのクグロフ型1台分）　※自宅で手に入る型で代用可。

- ・無塩バター　140g
- ・グラニュー糖A　80g
- ・牛乳　70g
- ・バニラオイル　5g
- ・卵黄　60g（L玉約3個分）
- ・薄力粉　110g
- ・強力粉　30g
- ・ベーキングパウダー　2g

- ・卵白　120g（L玉約3個分）
- ・グラニュー糖B　20g
- ・クーベルチュール・チョコレート（カカオ分50～60%）　70g

〈難易度〉

★★☆

73

1章／西欧・北欧・東欧のおやつ

下準備

刷毛で型の内側にバター（分量外）を塗って、冷蔵庫に入れておく。

バター、卵黄、卵白、牛乳を室温に戻しておく。

オーブンを170℃に予熱しておく。

作り方

① ボウルにチョコレートを入れて、湯煎（50～55℃）にかけて溶かす。

② 別のボウルにバターとグラニュー糖A、牛乳、バニラオイルを入れて、
ホイッパーで白っぽくなるまで擦り混ぜる。

③ ②に卵黄を少しずつ加えて、都度ホイッパーでよく合わせる。牛乳も少しずつ加えてよく合わせる。

④ ③に薄力粉、強力粉、ベーキングパウダーを合わせてふるいながら入れ、ゴムベラで混ぜ合わせる。

⑤ 別のボウルに卵白を入れて、ハンドミキサーで高速で泡立てる。泡が細かく白っぽくなってきたら、
グラニュー糖Bを加え、さらに混ぜてつやのあるかたいメレンゲにする。

⑥ ④の生地を2等分して、半分を別のボウルに移し、①のチョコレートを加えてゴムベラで合わせる。
※このとき、チョコレートが人肌くらいの温かさだと、ダマにならずにきれいに混ざる。

⑦ ⑤のメレンゲを半分に分けたら、⑥のボウルにそれぞれ半分ずつ、ゴムベラでつやが出るまで
混ぜ合わせる。型に2種類の生地を交互に入れる。

⑧ 型ごと台に軽く打ち付けて平らにならし、170℃のオーブンで40～50分焼成する。

⑨ 焼き上がったら、台に軽く打ち付けて型から外し、ケーキクーラーにのせて冷ます。

🏴 チェコのおやつ

Rohlíčky（ロフリーチュキ）

チェコの家庭で焼くクリスマスクッキー「Cukroví（ツックロヴィー）」。
豊富な種類の中から、ナッツの香り豊かなU字形のクッキーを紹介します。

材料（約14個分）

・無塩バター　50g
・クルミ（パウダー状）　30g
　※市販のアーモンドパウダーで代用可。
・薄力粉　70g

・粉糖　18g
・粉糖（仕上げ用）　適量
・レモンの皮すりおろし　2g
・塩　0.1g

作り方

① クルミをローストして冷ましたら、ミルサーで細かくパウダー状にする。

② ボウルに、ふるった薄力粉と粉糖、クルミパウダー、レモンの皮すりおろし、塩、
　 1cm角に切ったバターを加え、ゴムベラか手を使って混ぜ合わせる。

③ ひとまとまりにした生地をラップで包み、冷蔵庫で最低1時間休ませる。

④ オーブンを170℃に予熱し始める。生地を1つ12g程に分けて、細長く成形してU字形にする。

⑤ ④を、オーブンシートを敷いた天板に並べ、170℃に予熱したオーブンで約15分焼成する。

⑥ 粗熱が取れたら、仕上げ用の粉糖をまぶす。

2章

南欧のおやつ

Guardanapo

Pastel de nata

Bolo de arroz

Pudim de leite

Travesseiro

Areias

Suspiro

Pão-de-ló

Pastéis de tentugal

Goxua

Polvorón

Pastel vasco

Tiramisù

Pan pepato

Bací di dama

Panna cotta

Cannoli

Biscotti

Granita

イラスト：渡辺晶子

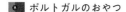
Guardanapo（グアルダナッポ）

ふわふわの生地とポルトガルの製菓ではおなじみの卵黄クリーム
「ドース・デ・オヴォシュ」のハーモニーが魅力。ぜいたくに片手で頬張りたい。

材料（約9個分）

◆ 卵黄クリーム
・卵黄　120g（L玉約6個分）
・グラニュー糖　80g
・水　50ml

◆ ロール生地
※作り方はピオノノ（p.136）を参照。
ピオノノで使用する生地1枚分

作り方

◆ 卵黄クリームを作る
① 卵黄を溶きほぐし、ボウルに裏ごししておく。
② 鍋に水とグラニュー糖を入れて沸騰したら弱火にして、101℃のシロップにする。
③ ①に②を少しずつ加え、ホイッパーで混ぜたら鍋に戻して弱火にかける。
④ 絶えずゴムベラで混ぜてとろみが出てきたら、取り出す。

◆ 組み立てる
① ロール生地の四方を切り落として、9等分する。
② 卵黄クリームを各生地に約10gずつ塗り、半分に折りたたむ。

MEMO
卵黄クリームの一部をホイップクリームに代えてもおいしい。

Pastel de nata（パステル・デ・ナタ）

ポルトガルの国民的菓子はエッグタルトのルーツ。パリパリのパイ生地と、
とろとろのクリームのハーモニーは、高温で短時間焼き上げることで実現。

材料（直径7×底内径4.5×高さ2cmのタルトレット型約20個分）

◆ 卵のクリーム
・薄力粉　20g
・グラニュー糖　130g
・水　50ml
・シナモンスティック　半分
・レモンの皮　1g
・牛乳　180g
・卵黄　60g（L玉3個分）
・バニラオイル　0.5g

◆ 折り込みパイ生地
1回分
※作り方は p.10参照。

◆ 焼成・仕上げ
・飾り用粉糖（好みで）　適量
・シナモンパウダー（好みで）　適量

作り方

◆ 卵のクリームを作る

① ボウルに薄力粉とグラニュー糖を入れてよく合わせる。

② 鍋に、水、シナモンスティック、レモンの皮を入れ、中火にかけて沸騰したら火を止めふたをして、
シナモンとレモンの香りをじっくり抽出する。

③ ②のシナモンスティックとレモンの皮を取り除き、牛乳を加えて再度火にかけ沸騰させる。

④ ③に①を加えて、ホイッパーでとろみが付くまで混ぜ合わせる。

⑤ ④が人肌になるまで冷めたら、卵黄とバニラオイルを加えてホイッパーで混ぜる。

⑥ ざるでこしながらボウルに移し、使うまで冷蔵庫で冷やしておく。

◆ 折り込みパイ生地を成形する

① 生地を冷蔵庫から取り出したら、麺棒で30×45cm程の長方形にのばして、
長い方の辺を手前にしてくるくると筒状に巻く。ラップをして冷蔵庫で約1時間休ませる。

② 筒状の生地を1つ20g弱程度になるように輪切りにする。

③ 型の中に生地の切り口が上になるように②を置き、型の底と側面に均等に薄くのばす。
※パイ生地が手の温度で温まらないように、素早く作業をする。
※時間がかかる場合には、型にセットできたものは乾燥を防いだ状態で冷蔵庫に入れておく。

◆ 焼成・仕上げ

① オーブンを250℃に予熱する。型にセットしたパイ生地に冷えた卵クリームを各20g弱注ぐ。
天板に並べて、表面に黒く焦げ目が付くまで約10〜12分焼成する。
※高温、短時間で焼き上げるのがポイント。家庭用オーブンの場合には、
庫内温度が下がるのを防ぐために少量ずつ焼く。

② 好みで飾り用粉糖とシナモンパウダーをかけて温かいうちに食べる。

MEMO
卵のクリームがぷっくり膨らんで、表面につやと焦げ目が出てくるのが焼き上がりのタイミング。

2章／南欧のおやつ

Bolo de arroz（ボロ・デ・アローシュ）

米粉を使用した、もっちりとした食べ応えのあるカップケーキ。
くせのないやわらかい甘みと、どこか懐かしい味わいは朝食にもぴったりです。

材料（底径6cmのカップ8個分）

- ・無塩バター　100g
- ・グラニュー糖A　120g
- ・レモンの皮すりおろし　2.5g
- ・全卵　180g
- ・牛乳　50g
- ・蜂蜜　25g
- ・薄力粉　120g
- ・製菓用米粉　80g
- ・ベーキングパウダー　4g
- ・グラニュー糖B　適量

下準備

バター、全卵、牛乳は室温に戻しておく。
オーブンを180℃に予熱しておく。

作り方

① ボウルにバターとグラニュー糖A、レモンの皮すりおろしを入れて、
白っぽくクリーム状になるまで擦り混ぜる。

② ①に溶きほぐした全卵を少しずつ加えて混ぜ、牛乳と蜂蜜も加えて合わせる。

③ ②に薄力粉、米粉、ベーキングパウダーを合わせてふるいながら加え、ゴムベラで合わせる。

④ 生地をカップに入れて、表面にグラニュー糖Bをふり、180℃のオーブンで約20分焼成する。

MEMO
かたく重たい食感になるのを防ぐため、バターにしっかりと空気を含ませ、粉類を入れたあとは、
混ぜすぎに注意する。

Pudim de leite
（プリン・デ・レイテ）

ポルトガルのプリンは、大きな型で焼き上げた、しっとりとした重みのある
食感が特徴。アクセントになるカラメルソースは、ビターに仕上げるのがおすすめ。

材料（15×6×高さ5cmのパウンド型1台分）

◆ カラメルソース
・水　5ml
・グラニュー糖　50g
・お湯　15ml

◆ プリン液
・全卵　120g（L玉約2個分）
・卵黄　20g（L玉約1個分）
・グラニュー糖　45g
・牛乳　150g
・生クリーム　50g
・バニラビーンズ　1/6本分

作り方

◆ カラメルソースを作る
① 小鍋に、水とグラニュー糖を入れ、鍋を揺すりながら中火で熱する。
② カラメル状になったら一度火から外し、お湯を加え、再び弱火にかけて
　 均一にとろみが出たら型に流す。冷蔵庫でカラメルソースの表面が固まるまで冷やす。

◆ プリン液を作る
① オーブンを160℃に予熱する。
② ボウルに、全卵、卵黄を合わせて溶き、グラニュー糖を加えて
　 ホイッパーで空気が入らないように混ぜる。
③ 鍋に、牛乳、生クリーム、裂いたバニラのさやと種を入れ、
　 火にかけたら60℃（湯気が出るのが目安）程度まで温めて火を止める。
④ ③を②に少しずつ加えてホイッパーでやさしく合わせてから、ざるで別の容器にこす。
⑤ ④を、カラメルソースを敷いた型に注ぎ、湯煎（50~60℃）を張ったバットに置いたら、
　 アルミホイルでふたをして、160℃のオーブンで約30分焼成する。
　 ※湯煎は型の半分以上の高さまでお湯を張る。
　 ※使用するオーブンや湯煎の温度、プリン液の温度や型の大きさによって焼成時間が異なるので、
　 20分経過した段階で一度様子を見て、その後5分ずつ焼成時間を足す。
⑥ 型を軽く揺すり、プルンと弾力があるくらいかために仕上げる。オーブンから取り出し粗熱を取り、
　 型ごと冷蔵庫で充分冷やしてから皿にひっくり返す。

Travesseiro（トラヴェセイロ）

ポルトガル・シントラの名物で、枕の形をしたユニークなパイ菓子。
卵黄クリームのとろける甘さと、アーモンド風味の相性が抜群です。

材料（6個分）

◆ 卵黄クリーム
・卵黄　120g（L玉約6個分）
・グラニュー糖　80g
・水　50ml

・アーモンドパウダー　卵黄クリームの1/4の量
・折り込みパイ生地　1回分　※作り方はp.10参照。
・グラニュー糖（仕上げ用）　適量

下準備

オーブンを200℃に予熱しておく。

作り方

◆ 卵黄クリームを作る
① 卵黄を溶きほぐし、ボウルに裏ごししておく。
② 鍋に水とグラニュー糖を入れて沸騰したら弱火にして、101℃のシロップにする。
③ ①に②を少しずつ加えて、ホイッパーで混ぜたら、鍋に戻して弱火にかける。
④ 絶えずゴムベラで混ぜ、とろみが出てきたら取り出し、落としラップをして冷ます。
　　※仕上がりは煮詰め具合にもよるが、おおよそ元の分量の約半分になる。

◆ 成形・焼成
① 卵黄クリームとアーモンドパウダーを混ぜ合わせる。
② 折り込みパイ生地を、麺棒で30×45cmにのばし6等分にカットする。
③ ②の上に①を約20〜30gずつ置き、長い方を半分に折りたたんで俵形にする。
　　上下のつなぎ目は刷毛で水（分量外）を塗って接着する。
　　※つなぎ目以外のパイ生地の表面を必要以上に触らないようにする。
④ 200℃に予熱したオーブンで約20分焼成する。温かいうちにグラニュー糖をまぶす。

🏴 ポルトガルのおやつ

Areias（アレイアシュ）

漁師町カスカイスで漁師たちのおやつとして愛された、「砂」を意味する
ビスケット。ホロホロとした食感、ザラザラとしたグラニュー糖がポイント。

材料（約15個分）

- ・無塩バター　50g
- ・薄力粉（エクリチュール）　75g
- ・グラニュー糖A　25g
- ・レモンの皮すりおろし　1.2g
- ・グラニュー糖B　適量

下準備

バターは、1cm角に切って室温に戻しておく。
オーブンは160℃に予熱しておく。

作り方

① 　ボウルに薄力粉をふるい入れ、グラニュー糖Aを加え合わせておく。

② 　①にバター、レモンの皮すりおろしを加えてカードか指先を使って混ぜ合わせる。

③ 　ひとまとまりになったら、15等分にして丸め、グラニュー糖Bをまぶす。

④ 　クッキングシートを敷いた天板に間隔を空けて並べ、160℃のオーブンで約20分焼成する。

ポルトガルのおやつ

Suspiro（ススピロ）

口の中ではかなく溶け、甘い味わいが広がる、「ため息」という名のメレンゲ菓子。
カラースプレーや卵黄クリームなど、自由にアレンジを楽しんで。

材料（作りやすい分量）

・卵白　50g
・グラニュー糖　50g
・純粉糖　50g

・トッピング
　カラースプレーなど好みで

下準備

オーブンを70℃に予熱しておく。

作り方

① ボウルに卵白とグラニュー糖を入れなじませたら、ハンドミキサーを高速にして
　かたく角が立つまでしっかり泡立てる。

② ①に粉糖をふるいながら加えて、つやが出てねっとりとするまでゴムベラで混ぜ合わせる。

③ ②を好みの口金を付けた絞り袋に入れて、クッキングシートを敷いた天板に好きな形に絞る。
　トッピングもこの段階で行う。

④ 70℃のオーブンで約2時間焼成する。カリッと中まで完全に乾いたら取り出す。
　※低温が調節できない家庭用オーブンの場合は100～110℃で約1時間焼成する
　（仕上がりは焼き色が付く場合もある）。

ポルトガルのおやつ

Pão-de-ló（パン・デ・ロー）

日本のカステラのルーツとも言われている「パン・デ・ロー」。
シンプルな味わいなので、上質な卵を使うとよりおいしさが際立ちます。

材料（直径15cmの丸型1台分）
・全卵　60g（L玉約1個分）
・卵黄　70g
・レモンの皮すりおろし　2.5g
・バニラオイル　1g
・きび砂糖（もしくはグラニュー糖）　60g
・薄力粉　26g

下準備
大きく切った1枚のクッキングシートを型に敷いておく（サイドはひだ状にする）。
全卵、卵黄は室温に戻しておく。
オーブンを200℃に予熱しておく。

作り方
① ボウルに全卵、卵黄、レモンの皮すりおろし、バニラオイル、きび砂糖を入れて、
　 ハンドミキサーで白っぽくもったりとするまで泡立てる。
② 筋が残るくらいまでしっかりと泡立てたら、薄力粉をふるいながら加え、
　 ゴムベラでさっくりと合わせる。
③ 型に②を流して、200℃のオーブンで12〜15分焼成する。

MEMO
焼成時間によって中心の半熟具合が変わるため、好みのかたさに調整可能。
焼き立てでも、一晩冷やして食べても、それぞれ違った味わいが楽しめる。
焼き立ては手でちぎって食べ、冷やしたあとはポートワインや生クリームとともに食べるのもおすすめ。

2章／南欧のおやつ

ポルトガルのおやつ

Pasteis de tentugal
（パシュティシュ・デ・テントゥガル）

卵黄クリーム「ドース・デ・オヴォシュ」をパート・フィロ生地で巻いた、
ポルトガル・テントゥガル村発祥のお菓子。頬張ったときのパリパリの食感が楽しい。

材料（6個分）

◆ **卵黄クリーム**
・卵黄　120g（L玉約6個分）
・グラニュー糖　80g
・水　50ml

・パート・フィロ生地（市販）
※前日から冷蔵庫で解凍をして、下記の大きさにカットする。
大：20×30cm程のサイズ6枚
小：20×15cm程のサイズ6枚

・澄ましバター　適量　※作り方はクナーファ／キュネフェ（p.196）参照。
・飾り用粉糖　適量

作り方

◆ **卵黄クリームを作る**
① 卵黄を溶きほぐし、ボウルに裏ごししておく。
② 鍋に水とグラニュー糖を入れて沸騰したら弱火にして、101℃のシロップにする。
③ ①に②を少しずつ加えて、ホイッパーで混ぜたら、鍋に戻して弱火にかける。
④ 絶えずゴムベラで混ぜてとろみが出てきたら、取り出し、落としラップをして冷ます。
　　※仕上がりは煮詰め具合にもよるが、おおよそ元の分量の約半分になる。

◆ **組み立てる**
① パート・フィロ小を縦長に置き、表に溶かした澄ましバターを刷毛で薄く塗り、
　　卵黄クリームを約15g置く。上左右下の順に折りたたんで包み、7cm程の長さにする。
② パート・フィロ大を縦長に置き、裏表に溶かした澄ましバターを刷毛で薄く塗り、
　　手前に①を置いて、くるくると奥へ向かって巻きながら包む。
③ 左右に余った耳の部分を上に折りたたむ
　　（焼成中に徐々にはがれてくるので、澄ましバターで接着するようにする）。
④ 190℃のオーブンで約25分焼成する。
⑤ きれいなきつね色に焼き上がったら冷まして、飾り用の粉糖をかける 。

■ スペインのおやつ

Goxua（ゴシュア）

バスク語で「甘い」「おいしい」という意味のデザート。スポンジ、生クリーム、
カスタード、キャラメルという見た目にも美しい黄金の組み合わせ。

材料（約6人分）

◆ スポンジ生地
※作り方はピオノノ（p.136）参照。
ピオノノで使用する生地1/2枚分

◆ ホイップクリーム（使用する前日から下準備が必要）
・生クリーム　180g
・ホワイトチョコレート　60g

◆ カラメルソース
・水　10ml
・グラニュー糖　100g
・お湯　60ml

◆ シロップ
・水　100ml
・グラニュー糖　50g
・ラム酒（好みで）　20g

・カスタードクリーム　180g
※作り方はp.8参照。

作り方

◆ ホイップクリームを作る（前日から準備する）

① ボウルにホワイトチョコレートを入れる。鍋に生クリームを入れて沸騰したら、
　　ホワイトチョコレートに加えて、ホイッパーでゆっくりと混ぜながら溶かす。

② ①をボウルの底を氷水に当てて冷やしたら、冷蔵庫で一晩寝かせる。

◆ シロップを作る

鍋に水、グラニュー糖、ラム酒を入れて沸騰させる。ボウルへ移して冷ます。

◆ カラメルソースを作る

① 小鍋に水とグラニュー糖を入れて、鍋を揺すりながら中火で熱する。

② カラメル状になったら一度火から外し、お湯を加えて再び弱火にかけ、
　　均一にとろみが出たらボウルに移して冷ます。

◆ 仕上げ

① スポンジ生地を、使用する器に合わせて抜き型もしくはナイフで12枚取る。

② カスタードクリームをゴムベラでほぐしてなめらかにし、口金を付けた絞り袋に入れる。

③ ホイップクリームをハンドミキサーで8分立てにして、口金を付けた絞り袋に入れる。

◆ 組み立てる

① 器の底にスポンジ生地を1枚敷き、刷毛でシロップを打つ。

② ホイップクリームを約30g絞り、スポンジ生地をさらに1枚敷く。

③ 再び刷毛でシロップを打ち、カスタードクリームを約30g絞る。

④ カラメルソースを6等分してかける。

MEMO

季節の果物をスライスして合わせたり、アレンジが楽しめます。

Polvorón（ポルボロン）

その名を3回唱えれば願いが叶うとされる魔法のお菓子！？
アーモンドプードルをたっぷり使ったホロホロの食感と素朴でやさしい味わいが魅力。

材料（一辺2cmの正方形約12個分）
・薄力粉　60g
・ラードもしくは無塩バター　50g
・粉糖　30g
・レモンの皮すりおろし　1.2g
・アーモンドパウダー　40g

・飾り用粉糖　適量

下準備
クッキングシートを敷いた天板の上に薄力粉を広げて、
180℃のオーブンでうっすらときつね色になるくらいまでローストしておく。
バターは室温に戻しておく。

作り方
① ボウルにバターを入れて粉糖をふるいながら加え、ホイッパーで白っぽくなるまで混ぜる。
② ①にレモンの皮すりおろしを加えたら、アーモンドパウダーと、
　 ローストして冷ました薄力粉をふるいながら加え、ゴムベラで合わせる。
③ ラップに包んでひとまとまりにして、冷蔵庫で最低2時間休ませる。
④ オーブンを150℃に予熱し始める。生地を取り出して、麺棒で1cmの厚さにのばす。
　 一辺2cmの正方形、もしくは好みの形にカットする。
　 ※途中生地がやわらかく扱いにくくなったら、都度冷蔵庫で冷やしながら作業する。
⑤ ④を、クッキングシートを敷いた天板の上に並べ、150℃に予熱したオーブンで約20分焼成する。
⑥ 焼き上がりはやわらかく崩れやすいため、そのまま天板の上で冷ましてから飾り用粉糖をまぶす。

MEMO
薄力粉をあらかじめローストすることでより香ばしくなり、ホロホロとした食感が生まれる。

Pastel vasco（パステル・バスコ）

バスク地方を代表するお菓子。厚めにのばしたアーモンド入りの生地に
大粒のグラニュー糖を使って、ザクザクとした食感を大切にします。

材料（直径15×高さ4.5cm以上のセルクル1台分）

◆ アーモンド生地
・薄力粉（エクリチュール）　160g　※もしくは中力粉
・アーモンドパウダー　80g
・ベーキングパウダー　2.5g
・粉糖　80g
・シュクルクリスタル（なければグラニュー糖）　80g
・無塩発酵バター（なければ通常の無塩バター）　160g
・全卵　60g（L玉約1個分）
・ラム酒　1.6g
・塩　0.3g

・カスタードクリーム　300g
　※作り方は p.8 参照。
・ラム酒　10g

・ベリージャム　90g
　※作り方は p.9 参照。

◆ つや出し用
・卵黄　20g（L玉約1個分）
・エスプレッソコーヒー　5g

下準備

発酵バターを1cm角にカットして、室温に戻しておく。

アーモンド生地用の全卵は室温に戻しておく。

セルクルの内側にバター（分量外）を厚めにしっかりと塗って、冷蔵庫に入れておく。

作り方

◆ アーモンド生地を作る

① ボウルに薄力粉、アーモンドパウダー、ベーキングパウダー、粉糖を合わせてふるい入れ、
発酵バターを入れてカードか手でさらさらとした砂状になるまで混ぜ合わせる。

② ①に、全卵、ラム酒、シュクルクリスタル、塩を加えて手で均一にひとまとまりにする。
ラップで包み冷蔵庫で最低1時間休ませる。

③ ②を半分に分けて、それぞれを麺棒で約1cmの厚さにのばす。
セルクルでふたにする生地を抜き冷凍庫で冷やす（やわらかい生地なので、作業をしやすくするため）。

④ セルクルで底になるもう一方の生地を抜き、型にはめたままの状態で冷蔵庫で冷やす。

◆ 焼成・仕上げ

① オーブンを150℃に予熱しておく。

② 卵黄とエスプレッソコーヒーを合わせて、つや出し用ドリュールを作る。

③ カスタードクリーム300gをゴムベラでなめらかにしてラム酒を合わせ、
丸口金を付けた絞り袋に入れる。

④ 底用アーモンド生地の上に③を絞り平らにして、その上からベリージャムをランダムに散らす。

⑤ 冷凍庫から出したふた用のアーモンド生地を平らにかぶせる。
刷毛で②を塗り、冷蔵庫で表面を乾かし、再び②を塗る。

⑥ 表面にフォークで模様を描いたあとに、目立たない位置に竹串を表面から底まで刺して穴を空ける。
また、セルクルと生地との間に竹串を一周通す（蒸気の通り道を作ってきれいに焼き上がらせるため）。

⑦ 150℃のオーブンで約90分焼成する。粗熱が取れたら、型から外す。

〜〜〜〜〜〜〜〜〜〜〜〜〜〜〜〜〜〜〜〜〜〜〜〜〜〜〜〜〜〜〜〜〜〜〜〜〜〜

MEMO

表面だけある程度焼けても、中央が生焼けの場合が多いので、じっくりと時間をかけてしっかりと焼くこと。

〜〜〜〜〜〜〜〜〜〜〜〜〜〜〜〜〜〜〜〜〜〜〜〜〜〜〜〜〜〜〜〜〜〜〜〜〜〜

🇮🇹 イタリアのおやつ

Tiramisù（ティラミス）

日本でもなじみ深いティラミスは、様々なレシピが存在しますが、
今回は卵黄で濃厚に仕上げたクリームを使用。マルサラ酒を加えてみても◯。

材料（12×18×高さ3.5cmの容器1台分・約10人分）

◆ クリーム
・卵黄　60g（L玉3個分）
・グラニュー糖　75g
・マスカルポーネ　375g

◆ シロップ
・エスプレッソコーヒー　120g
・グラニュー糖　16g

・サヴォイアルディ（市販のフィンガービスケット）　100g
・カカオパウダー　適量

作り方

① ボウルに卵黄とグラニュー糖を入れ約60℃の湯煎にかけて、
　ハンドミキサーで白っぽくもったりとするまで泡立てる。
② 別のボウルにマスカルポーネを入れてゴムベラでなめらかにしてから、
　①を少しずつ加えてホイッパーで全体をなじませる。
③ 熱いエスプレッソコーヒーにグラニュー糖を溶かして冷まし、シロップを作る。
④ サヴォイアルディの半面を③に浸して容器に並べ、
　②のクリームの半量をのせて平らにならす。再度同じ作業を繰り返す。
⑤ カカオパウダーをふるいにかけて表面を覆う。

MEMO
クリームやシロップにマルサラ酒（ブランデーでも代用可）を上記レシピに約40cc加えれば、大人
向けの味わいを楽しめる。グラスの器に盛ったり、仕上げにミントやベリーを飾れば見た目も華やかに。

2章／南欧のおやつ

Pan pepato（パンペパート）

ビターチョコレートとナッツ類に黒こしょうを効かせた、
甘さ控えめでほろ苦い大人の味。薄く少しずつカットして赤ワインのおともに。

材料（作りやすい量）

- 赤ワイン（あればモストコット）　20g
- ドライレーズン　40g
- クルミ　100g
- ヘーゼルナッツホール　24g
- アーモンドホール　24g
- 松の実　6g
- オレンジピール　30g
- 薄力粉　10g
- カカオパウダー　5g
- きび砂糖　10g
- 黒こしょう　0.8g

- シナモンパウダー　0.8g
- ナツメグパウダー　0.8g
- クーベルチュール・チョコレート
　（カカオ分55%前後）　80g
- 蜂蜜　30g

下準備

オーブンを160℃に予熱しておく。

作り方

① 小さい耐熱の器に、赤ワインとドライレーズンを入れて、温めて漬けておく（500Wで約30秒が目安）。

② クルミ、ヘーゼルナッツホール、アーモンドホール、松の実をローストして
（160℃のオーブンで10〜12分が目安）粗く刻む。

③ ②に、オレンジピール、ふるった薄力粉、カカオパウダー、きび砂糖、黒こしょう、シナモンパウダー、
ナツメグパウダーを合わせる。

④ ボウルに、チョコレートと蜂蜜を入れ、湯煎（約60℃が目安）にかけて溶かす。

⑤ ④に、①と③を加え、均一になるようにゴムベラで合わせる。チョコレートが冷めてきたら、
手でひとつにまとめて、クッキングシートを敷いた天板の上に好きな形に置く
（高さ4.5cm程にすると火が入りやすい）。

⑥ 160℃のオーブンで20〜30分焼成する。底が先に焦げやすいので注意する。
※冷ましたあとも、少し乾燥させてから薄くスライスする（5mm程度がおすすめ）。

Baci di dama（バーチ・ディ・ダーマ）

「貴婦人のキス」という意味の北イタリア生まれのお菓子。コロンとした
クッキー生地でチョコレートをサンドした、ひときわ目を引くフォルムが特徴。

材料（約15個分）

- アーモンドパウダー　50g
- 薄力粉　45g
- 片栗粉　5g
- 粉糖　30g
- 塩　0.5g
- 無塩バター　50g
- クーベルチュール・チョコレート（カカオ分55〜60%）　50g

下準備

バターを1cm角にカットして冷やしておく。
オーブンを160℃に予熱しておく。

作り方

① ボウルに、アーモンドパウダー、薄力粉、片栗粉、粉糖、塩をふるい入れて、冷やしたバターを加え、
　 カードで刻むように合わせる。

② 細かくさらさらとした粉状になったら、ひとまとめにしてラップに包み冷蔵庫で最低1時間休ませる。

③ 生地を約30等分（ひとつ約6g）にして、手で球体状に丸める。

④ クッキングシートを敷いた天板に間隔を空けて並べる。160℃のオーブンで約15分焼成する。
　 焼き上がった生地は、ケーキクーラーで冷ます。

⑤ ボウルにチョコレートを入れ、湯煎（約50〜55℃）にかけて溶かす。
　 クッキー生地を2つ1組みにしてから片方の平らな面にチョコレートをのせ、
　 もう片方をかぶせてサンドする。
　 ※テンパリングを行ってから使用すると、口溶けがよく仕上がる。
　 その場合には、使用するクーベルチュール・チョコレートの表示に従って温度管理を行うこと。

MEMO
薄力粉の一部に片栗粉を使うと、焼き上がりの生地にヒビが入りにくく、美しく仕上がる。

Panna cotta（パンナ・コッタ）

とろりとした口当たりが日本でも人気のデザート。生クリームと牛乳の配合や
ゼラチンの量で口当たりが変わるので、好みの仕上がりを見つけてみて。

材料（約5人分）
・粉ゼラチン　5g
・生クリーム（乳脂肪分35％）　250g
・牛乳　150g
・グラニュー糖A　35g
・バニラビーンズ　1/2本

・水　5ml
・グラニュー糖B　50g
・お湯　30ml

作り方
① ボウルに、粉ゼラチンと水（分量外・商品表記に従った分量）を合わせてふやかす。
② 鍋に、生クリーム、牛乳、グラニュー糖A、さやと種に分けたバニラビーンズを入れて、
　弱火にかけ沸騰直前で火を止める。
③ ②に①を加えて、ホイッパーでしっかりと溶かす。
④ 器に入れて、冷蔵庫で固まるまで冷やす。
⑤ カラメルソースを作る。
　小鍋に、水とグラニュー糖Bを入れて、鍋を揺すりながら中火で熱する。
　カラメル状になったら一度火から外し、お湯を加え再び弱火にかけて、
　均一にとろみが出たら火からおろす。
⑥ ④がしっかりと固まったら、⑤のカラメルソースをかける。

MEMO
クラシックなスタイルではカラメルソースを添えるが、好みの果物やフルーツピューレなどを加え
た彩り鮮やかなアレンジもおすすめ。

Cannoli（カンノーリ）

サトウキビなど管状のものを指す「カンナ」が語源の、シチリア州生まれの揚げ菓子。
さくさくの生地とやわらかいリコッタチーズクリームのハーモニーが絶品です。

材料（約12個分）

◆ 筒状生地
・薄力粉（ドルチェ）　125g
・カカオパウダー　6g
・グラニュー糖　10g
・塩　0.5g
・無塩バター　25g
・全卵　30g（L玉約1/2個分）
・赤ワイン（マルサラ酒の代用として）　25g
・打ち粉（強力粉）　適量
・卵白（接着用）　適量
・揚げ油　適量

◆ リコッタチーズクリーム
・リコッタチーズ　250g
・粉糖　80g
・バニラエッセンス　0.5g
・レモンピール　40g
・キルシュ　5g

・飾り用粉糖　適量
・ドレンチェリーを半分にしたもの（好みで）　適量

下準備

バターを1cm角に切り、室温に戻しておく。

作り方

◆ 筒状生地を作る

① ボウルに薄力粉、カカオパウダー、グラニュー糖、塩をふるい入れ、
   バターを加えてゴムベラで切るように合わせる。

② ①に、溶いた全卵と赤ワインを加えて、さらにゴムベラで混ぜ合わせてそぼろ状にする。

③ ②を手でこねてひとまとまりにしたら、ラップで包んで冷蔵庫で最低1時間休ませる。

④ 生地を取り出して打ち粉をし、麺棒で1.5mmの厚さにのばし、
   直径10cm程の抜き型（自宅にある器やカップで代用可）で12枚抜く。

⑤ 麺棒（ラップの芯で代用可）に打ち粉をして、④の生地を巻き付ける。
   重なる部分に卵白を薄く塗って少し引っ張り、接着したら麺棒を抜く。

⑥ 170℃の油で生地を揚げる。生地に2本の菜箸を通したまま、筒の中に油を通しながら
   回転させて揚げる。筒状になり形が安定してきたら、もう片側の穴から同じような要領で揚げる。
   ※ステンレス製の筒（2～2.5cmが目安）がある場合には、植物油（分量外）を塗ってから
   生地を巻き付けて、外さずにそのまま油の中に入れて揚げる。

⑦ 均一に香ばしく揚がったら、油を切る（ステンレス製の筒の場合には、やけどに気を付けながら外す）。

◆ リコッタチーズクリームを作る

① リコッタチーズは、ペーパータオルを敷いたざるにのせて6時間程置いて水気を切る（200g程にする）。

② ボウルに①とふるった粉糖を入れてゴムベラでなめらかにし、バニラエッセンス、レモンピール、
   キルシュを加えて合わせる。絞り袋（ビニール袋でも代用可）に入れる。

◆ 仕上げ

食べる直前に、筒状の生地にリコッタクリームを絞り入れ、飾り用粉糖とドレンチェリーを飾る。

MEMO

現地では、地域によって筒状の生地やリコッタクリームに様々なレシピが存在する。

Biscotti（ビスコッティ）

香ばしく焼き上げるビスコッティに、日本の香り"抹茶"を加えました。
ホワイトチョコの甘さとクランベリーの酸味がアクセントに。

材料（作りやすい分量）
・薄力粉　140g
・ベーキングパウダー　1.5g
・抹茶パウダー　7.5g
・グラニュー糖　100g
・全卵　70g
・塩　1.5g
・植物油　12.5g
・アーモンド（ホール）　100g
・ドライクランベリー　50g
・ホワイトチョコチップ　60g
・打ち粉（強力粉）　適量

下準備
薄力粉とベーキングパウダー、抹茶パウダーを合わせてふるっておく。
全卵は室温に戻しておく。
アーモンドは160℃のオーブンでローストし、粗く刻んでおく。
ドライクランベリーは熱湯で戻してから刻んでおく。
オーブンを180℃に予熱しておく。

作り方
① ボウルにふるった薄力粉とベーキングパウダー、抹茶パウダー、グラニュー糖を入れて、
　　ホイッパーで合わせる。
② ①に、溶いた全卵と塩、植物油を加えて混ぜる。
③ ②に、刻んだアーモンドとドライクランベリー、ホワイトチョコチップを加えて、
　　手でひとまとまりにして生地をラップで包み、冷蔵庫で最低30分休ませる。
④ 手に打ち粉をして、③を幅約3.5cm、厚さ約1.5cm、長さ約10cmの棒状に成形する。
⑤ 天板にシルパン（なければクッキングシート）を敷き④を載せ、180℃のオーブンで15分程焼成する。
⑥ 表面が焼けて乾いてきたら取り出し、粗熱が取れたら0.5〜1cm程の幅にカットする。
⑦ シルパン（なければクッキングシート）に、カットした生地の断面を上に向けて並べ、
　　140℃で20〜30分焼成する。※途中、裏表ひっくり返しながら、中心部分までしっかりと乾燥させる。

🇮🇹 イタリアのおやつ

Granita（グラニータ）

ジャリッとした粒子の粗い氷が特徴の、シチリア生まれの氷菓子。
イタリアでも人気なフレーバーのひとつ、レモンのグラニータをご紹介します。

材料（作りやすい分量）
・レモン果汁　140g（レモン約5個分）
・レモンの皮すりおろし　5g
・蜂蜜　110g

作り方
全ての材料を合わせて混ぜ、厚手のポリ袋に入れて冷凍庫に入れる。
数時間ごとに手でつぶしたりほぐしたりする作業を繰り返す。氷の粒を、可能な限り細かくしたら完成。
※ここでは、シロップとして蜂蜜を使用しているが、グラニュー糖と水を1：1で合わせて
溶かしたものを使用してもOK。

中南米・北米のおやつ

イラスト：石津亜矢子

COLUMN

COLUMN

南米のおやつ

スペイン、ポルトガルをルーツに、独自の発展を遂げた誇り高き歴史のシンボル。

　アンデス文明発祥の地として知られる南米。親しまれているお菓子の多くは、16世紀以降に植民地支配を受けた、スペインをはじめとするかつての宗主国から伝わったものです。そのまま定着したお菓子も多い一方で、南米諸国の地域性をミックスさせることによって新しいお菓子に生まれ変わり、アイデンティティとして文化に組み込まれたものもあります。今の時代を生きる人々が、歴史を経て変容し定着してきた自国のお菓子を、誇らしげに愛して止まない姿はとても印象的です。

　特に、中東で生まれスペインを経由し伝わったとされる「アルファフォーレス」（p.132）は、今や南米を代表するお菓子。中に使われているキャラメルクリーム「ドゥルセ・デ・レチェ」は、よっぽど南米の人々の舌に合ったのでしょう。市販品の種類は、現地スーパーの棚一角を占領するほどに膨大。様々なテクスチャーのものが、他のお菓子にも多用されています（p.130のカニョンシートス、p.136のピオノノ）。

　また、広大な南米大陸は、地形・気候が国や地域によって大きく異なるため特産物も様々。お菓子の生地のベースには、トウモロコシ粉やキャッサバなどがよく使われており、酪農が盛んな地域ではチーズをそのままお菓子として食べることも。フルーツが豊かなエリアでは、パッションフルーツやアサイー、グアバ、イチジクなどを、お菓子やアイス、ジャムの材料として使います。

　旧宗主国がスペインと共通している国々でも、国や地域によって少しずつ表情の違うお菓子文化に出会うことができるのが南米のお菓子の魅力といえましょう。加えて、アルゼンチンではイタリア、チリではドイツ、ブラジルでは旧宗主国であるポルトガルがルーツのお菓子文化も垣間見ることができます。

1.アルゼンチンのアルファフォーレス（p.132）
2.パラグアイのパスタ・フローラ（p.128）。現地ではグアバジャムを使用するのが定番
3.ウルグアイのカフェ　4.コロンビアのカフェ
5.チリのカルソネス・ロトス（p.142）。現地で発展を遂げた郷土菓子

1. ジャマイカのポテトプディング（p.146）。さつまいもを使用した、イギリス由来のプディング（蒸し焼き）という調理法が根付いている
2. スペイン発祥のチュロ（p.152）を売るキューバの屋台
3. キューバのカベソテス（p.154）
4. アメリカのケーキドーナツ（p.156）

中米のおやつ

植民地時代からのミックスカルチャーが根付く、
国境を超えた個性豊かなコンビネーション。

　かつて、アステカやマヤといった古代文明が栄えた中米。南米同様、16世紀にスペイン人によって征服され、以降欧州列強による植民地支配の時代が18世紀まで続きました。旧宗主国がそれぞれ異なるため、文化は非常に多様で、お菓子文化からもその歴史の流れが汲み取れます。

　ジャマイカは、元々豊富だった農作物に、ヨーロッパから伝来したサトウキビなどの食材や調理法、そしてアフリカのテイストも加わり、食文化はかなりユニーク。旧来の主食作物であるさつまいもやヤムイモ、ココナッツに加え、スパイスやサトウキビを加工して生まれたラム酒などを取り入れたジャマイカならではのお菓子が根付いています（p.146のポテトプディング、p.148のブレッドプディング）。

　隣国のキューバは、他国に比べ数は少ないものの、スペインから伝わったお菓子が"ぜいたく品"として愛されています。大きな歴史の流れは共にしながらも、国境を越えれば全く異なるお菓子文化が広がっていて、結果としてこの地域圏らしさを生んでいるように感じられます。

北米のおやつ

カジュアルでおおらかな家庭の味が原点。
にぎやかなトッピングで楽しませるアメリカンデザート。

　多種多様な人種がひしめく大国、アメリカ合衆国とカナダ。開拓民の時代から、家庭で作られる簡単なお菓子がいくつも存在しています。

　市販のお菓子は、ドーナツやマフィン、グミ、キャンディーまであらゆるものがダイナミックでカラフルな一方、家庭で作られるものは素朴でおおらか。気軽に作るパイ生地や、焼きっぱなしのケーキ、クッキーなど、カジュアルに作れるものをベースに、アイスクリームやホイップクリーム、チョコレートなど自由なカスタマイズを楽しむのも魅力のひとつです。卵を細やかに泡立てたり、イーストで発酵させるよりも、手軽で確実に膨らむ膨張剤が好まれたり、ワンボールとホイッパー1本で、ラフに作るのもアメリカらしい特徴といえましょう。

Espmilla（エスプミージャ）

ふわふわに立てたメレンゲをコーンにのせて、トッピングを自由に楽しめるおやつ。
今回はメレンゲと相性のよい、酸味の効いたレモンクリームを忍ばせます。

材料（市販のアイスクリームコーン約5個分）

◆ レモンクリーム
・レモン果汁　80g
・全卵　75g
・卵黄　70g
・グラニュー糖　75g
・無塩バター　75g

◆ イタリアンメレンゲ
・水　20ml
・グラニュー糖A　60g
・卵白　40g
・グラニュー糖B　20g

◆ 仕上げ
・アイスクリームコーン（市販）　約5個
・トッピング　スライスしたイチゴやカラースプレーなど好みで

作り方

◆ レモンクリームを作る

① バターを1cm角にカットして、室温に戻してやわらかい状態にしておく。

② ボウルに全卵と卵黄を入れ、グラニュー糖を加えたらホイッパーで白っぽくなるまで擦り混ぜる。

③ 鍋にレモン果汁を入れて弱火にかけ、沸騰直前に②に加えたら、ホイッパーで混ぜる。

④ ③を鍋に戻し、ゴムベラで絶えず混ぜながらとろみがつくまで中弱火にかける。

⑤ ざるでこしながらボウルに移したら、①を加えてホイッパーでなめらかに合わせる。
　※ブレンダーでつなぐと、より口当たりがなめらかに仕上がる。

⑥ ⑤をバットに移し、クリームをラップでぴったりと覆い、氷水を当てて急冷する。

◆ イタリアンメレンゲを作る

① 鍋に水とグラニュー糖Aを入れて、火にかけ始める。

② ボウルに卵白を入れて、ハンドミキサーで軽くほぐす。グラニュー糖Bの1/3を加えて泡立てる。

③ もこもことボリュームが出てきたら、残りのグラニュー糖Bを2回に分けて加え、都度泡立てる。
　※つやが出て角が立つようになった頃に、①のシロップが118℃になっている状態が理想。

④ ③に①を少しずつ垂らすように注ぎ入れながら、ハンドミキサーで混ぜる。
　よりしっかりとした角が立ち、かたさのある状態にする。

◆ 仕上げ

① コーンの中にスプーンでレモンクリームを入れ、コーンの上部にイタリアンメレンゲをふんわりと盛る。

② 好みのトッピングを飾る。

Torta maría luisa（トルタ・マリア・ルイサ）

オレンジやレモンなど、柑橘類の香りを忍ばせるのが特徴。
コロンビアでは「モラ」というベリーのジャムをサンドします。

材料（直径12cmの型1台分）

・無塩バター　80g　　　　　　・グラニュー糖　60g
・牛乳　20g　　　　　　　　　・蜂蜜　10g
・オレンジ果汁　10g　　　　　・レモンの皮すりおろし　5g
・全卵　110g（L玉約2個分）　・薄力粉　100g
　　　　　　　　　　　　　　　・飾り用粉糖（あれば）　適量
　　　　　　　　　　　　　　　・ベリージャム　80〜100g　※作り方はp.9参照。

下準備

ボウルにバター、牛乳、オレンジ果汁を入れて湯煎にかけておく。
型の内側にクッキングシートを敷いておく。オーブンを180℃に予熱しておく。

作り方

❶ ボウルに全卵とグラニュー糖、蜂蜜、レモンの皮すりおろしを加えて、ハンドミキサーで擦り混ぜる。
　湯煎（約60℃）にかけ、人肌程度まで温めたら外して、
　ハンドミキサーの中高速でさらにしっかりと泡立てる。

❷ ボリュームが出てワイヤーの筋が残るようになったら、ハンドミキサーを低速にして
　きめを整えながら撹拌する。

❸ ❷に薄力粉をふるい入れ、ボウルの底から生地をしっかりとすくい、
　かき上げるようにゴムベラで混ぜ合わせる。粉気がなくなり、少し粘りとつやが出てくるのが目安。

❹ 湯煎で温めていたバター、牛乳、オレンジ果汁の入ったボウル（40℃が目安）に、
　❸の生地をひとすくい加えてよく混ぜ合わせる。

❺ ❸に❹を全て加えて、ゴムベラでボウルの底から生地をしっかりすくい、
　かき上げるように丁寧に混ぜ合わせる。※生地全体が均一になればOK。混ぜすぎに注意する。

❻ 型に❺の生地を移して、型を軽く台に打ち付けて気泡を抜き、
　180℃に予熱していたオーブンで25分焼成する。

❼ 生地の中央を指の腹でそっと押し、軽く弾力が感じられたらオーブンから取り出して、
　すぐに30cm程の高さから型ごと台に落として焼き縮みを防止する。

❽ 型から取り出して、ケーキクーラーに逆さに置き粗熱を取る。

❾ 上下2枚にスライスしたら、ベリーのジャムをサンドして、上部に飾り用粉糖をふるう。
　ホイップクリームを合わせて食べるのもおすすめ。

Torta de auyama（トルタ・デ・アウヤマ）

「アウヤマ」(＝カボチャ)をたっぷりと練り込んだ焼き菓子。
いちじくの甘露煮とシロップで、しっとりとした口当たりに仕上がります。

材料（縦18×横8cm程のパウンドケーキ型）※カップケーキ型や紙コップでも代用可。

◆ **イチジクの甘露煮**
・イチジク　70g（大きめ1個）
・黒糖（なければきび砂糖）　20g
・クローブ（ホール）　1粒

◆ **カボチャペースト**
・カボチャ　（皮と種を除いて）110g

◆ **生地**
・無塩バター　80g
・グラニュー糖　80g
・全卵　90g（L玉1.5個分）
・蜂蜜　30g
・バニラオイル　1g
・クルミ　30g
・薄力粉　80g
・ベーキングパウダー　2g

作り方

◆ イチジクの甘露煮を作る

① イチジクはやさしく洗い、皮はむかずにヘタのかたい部分をカットする。

② 鍋に黒糖、水（2mℓ）、クローブを入れて、弱火で黒糖を溶かしたら、①を入れて落しぶたをし、
弱火で煮る。
※途中、イチジクに火が入る前に水分が飛び、焦げそうになったら、少量の水を加える。

③ イチジクがくたっとしてきて、黒糖のシロップにとろみがついてきたら、ボウルにのせたざるに流し、
イチジクとシロップに分けて室温で冷ましておく。

④ クローブを取り除き、イチジクを細かく刻む。

◆ カボチャペーストを作る

① カボチャの皮をむき、適当な大きさにカットして、蒸し器で蒸すか鍋にいれる。
水をひたひたに加えたら、中火にかける。

② 火が通ったら、熱いうちにマッシャーなどでつぶしておく。

◆ 生地を焼く

下準備
バター、全卵を室温に戻しておく。
薄力粉とベーキングパウダーを合わせてふるっておく。
クルミを160℃のオーブンでローストして、粗く刻んでおく。
オーブンを180℃に予熱しておく。

作り方

① バターをホイッパーでクリーム状にして、グラニュー糖を合わせ白っぽくなるまで混ぜる。

② ①に全卵と蜂蜜、バニラオイルを加え混ぜる。

③ ②にカボチャペーストとクルミ、薄力粉とベーキングパウダーを加えてホイッパーで混ぜ合わせる。
さらに、刻んだイチジクを加えゴムベラで合わせる。

④ ③をクッキングシートを敷いたパウンドケーキ型に流し入れ、180℃のオーブンで約30分焼成して、
取り出して粗熱を取る。

⑤ ④に、イチジクの甘露煮でできたシロップをゆっくりとまんべんなくかけて染み込ませる。

MEMO
現地ではコロンビア版黒糖「Panela/パネラ」が主流で、コーヒーなどドリンクの甘み付けや、お
菓子作りにも頻繁に使われる（このレシピ内では、イチジクの甘露煮に使用）。輸入材料店で入手
可能なので、日本の黒糖との絶妙な味の違いも楽しんでみて。

Flan de queso（フラン・デ・ケソ）

冷たいチーズムースに、甘酸っぱいベリーソースをかけるシンプルなデザート。
コンデンスミルクのやわらかい甘さと、重量感のある食感が特徴的。

材料（約5人分）

- クリームチーズ　75g
- 生クリーム（35%）　150g
- 牛乳　150g
- コンデンスミルク　75g
- 粉ゼラチン　5g
- ブルーベリー（冷凍でも可）　100g
- グラニュー糖　10～30g
- レモン果汁　5～15g

下準備

全ての材料を室温に戻しておく。
粉ゼラチンを、商品表記に従った分量の水でふやかしておく。

作り方

❶ ボウルにクリームチーズを入れて、ホイッパーでなめらかにしたら、生クリームを少しずつ加えて混ぜる。
　　※クリームチーズがかたくてなめらかにならない場合は、耐熱皿に入れて電子レンジの
　　低いワット数で数秒ずつ様子を見ながらやわらかくする。

❷ 鍋に牛乳とコンデンスミルクを入れて弱火にかけ、鍋底が焦げないようにゴムベラを
　　絶えず動かしながら沸騰直前まで温める。

❸ 火を止めたら❷にふやかしたゼラチンを加えて、ホイッパーで混ぜながらしっかり溶かす。

❹ ❸を、氷水を入れたボウルに当てて、粗熱を取る。

❺ ❶に❹を少しずつ加えながら、ホイッパーでやさしく混ぜ合わせる。

❻ ❺をざるでこしながら別のボウルに移したあと、グラスやココットに注ぎ、冷蔵庫で冷やす。

❼ ムースを固めている間に、ブルーベリーソースを作る。鍋に、ブルーベリーとグラニュー糖を入れて、
　　弱火にかける。

❽ 水分が出てきたら中火にして、ブルーベリーの粒がつぶれて少しとろみが出てくるまで
　　ゴムベラで混ぜながら火を入れる。

❾ 火を止め、味の確認をする。甘みが足りなければグラニュー糖を足し、再び火にかけ、
　　レモン果汁を少しずつ加えながら酸味の調整を行う。
　　※ムースと合わせて食べるので、酸味をやや強めに仕上げるのがおすすめ。
　　※冷めると固まるので、ジャムのように煮詰めすぎないように注意する。

❿ ❾をバットに移して、落としラップをして冷蔵庫で冷ます。

⓫ ❻のムースが固まり、❿のソースが冷えたら、冷蔵庫から取り出してムースの上にソースをかける。

🌎 ブラジルのおやつ

Brigadeiro（ブリガデイロ）

一口サイズのかわいいチョコレート菓子。カカオパウダーとコンデンスミルクを
じっくり煮詰めれば、まるで生チョコレートのような仕上がりに。

材料（作りやすい分量）

・カカオパウダー　12g
・コンデンスミルク　150g
・エバミルク　200g
・無塩バター（生地用）　10g

・無塩バター（仕上げ用）　10g

◆トッピング

チョコスプレー、カラースプレー、ローストナッツ各種

作り方

❶ ボウルにカカオパウダーをふるい入れ、コンデンスミルクを加えながらホイッパーで
　ダマができないように混ぜ、さらにエバミルクを少しずつ加えてなめらかにする。

❷ 鍋に❶を移して、バター（生地用）を加えて、中火にかける。

❸ ゴムベラで鍋のふちと底の焦げに注意しながら混ぜて煮詰め、
　約半分～1/3の量まで減ったら、火からおろす。

❹ バター（仕上げ用）を軽く塗ったバットへ移し、粗熱が取れたら、手のひらにバター（分量外）を
　薄く付けて、直径3cm程に丸める。まわりに好きなトッピングを施して仕上げる。

🔘 ブラジルのおやつ

Mousse de maracuja（モースィ・ジ・マラクジャ）

ブラジルの食卓には欠かせない果物、パッションフルーツのムース菓子。
材料をミキサーで回して冷やすだけで、気軽におうちデザートの完成です。

材料（約3人分）

・フレッシュパッションフルーツ　5〜6個（果汁150gが取れる量）
　※もしくは無糖パッションフルーツピューレ150g
・生クリーム（35％）　150g
・コンデンスミルク　80〜120g（好みの量）

作り方

❶ パッションフルーツを半分に切り、中の果汁と種を取り出して分ける。

❷ ボウルに、パッションフルーツ果汁（100g）、生クリーム、コンデンスミルクを入れ、
　ふわふわととろみがつくまで泡立てる。
　※ミキサーがある場合には全て一緒に合わせ1分ほど回す。

❸ 人数分のグラスに分けて、冷蔵庫で冷やす。

❹ 食べる直前に残りのパッションフルーツ果汁と種をかける。

Arroz doce（アローシュ・ドース）

お米を牛乳で甘く煮込んだ、欧州由来のデザート。つぶつぶの食感と、
シナモン＆レモンの絶妙なバランスは、日本にはない新しい味わいです。

材料（作りやすい分量）
・米　45g
・水　250ml
・レモンの皮　約1個分
・無塩バター　10g
・塩　0.5g
・牛乳　150g
・グラニュー糖　40g
・卵黄　20g（L玉約1個分）
・シナモンパウダー　適量

作り方
① 米を研いで水気を切っておく。
② レモンの皮（白いワタの部分は取り除く）をむき、鍋に水と一緒に入れて中火にかける。
③ レモンの香りがしっかりと立ってきたら、レモンの皮を取り除き、
　①とバター、塩を加えてふたをして弱火で炊く。
　※米に火が通る前に水分が蒸発してしまったら、適宜水を少量加える。
④ 米が炊けたら、牛乳とグラニュー糖を加えて、ゴムベラで鍋底をゆっくり混ぜながら
　とろみがつくまで煮込む。
　※あまり水分を煮詰めすぎると、冷蔵庫で冷やした際に、かたいかたまりになってしまうので注意。
⑤ 火を止めて、卵黄を加えて混ぜる。
⑥ 器に盛り冷蔵庫で冷やし、食べる直前にシナモンパウダーをふる。

MEMO
お米の粒のやわらかさや甘さなど、好みのテイストを見つけてみて。

3章／中南米・北米のおやつ

Crema volteada（クレマボルテアダ）

中南米で親しまれているプリン。グラニュー糖の代わりにコンデンスミルクを使い、
濃厚で弾力があるのが特徴。カラメルソースはビターに焦がすのがおすすめ。

材料（縦15×横6×高さ5cmのパウンド型1台分）

◆ カラメル
・水　5ml
・グラニュー糖　50g
・お湯　15ml

◆ プリン液
・全卵　180g（L玉約3個分）
・コンデンスミルク　200g
・エバミルク（もしくは牛乳）　200g

〈 難易度 〉

★

127

3章 ／ 中南米・北米のおやつ

作り方

◆ カラメルソースを作る
① 小鍋に、水とグラニュー糖を入れて、鍋を揺すりながら中火で熱する。
② カラメル状になったら一度火から外し、お湯を加えて、弱火にかけて均一にとろみが出たら、型に流す。
　 冷蔵庫でカラメルソースの表面が固まるまで冷やす。

◆ プリン液を作る
① オーブンを160℃に予熱する。
② ボウルに、全卵とコンデンスミルクを入れて、ホイッパーで空気が入らないように混ぜる。
③ ②にエバミルク（もしくは牛乳）を加えて、ホイッパーで混ぜ合わせてから、網でこす。
④ プリン液を、カラメルソースを敷いた型に注ぎ、湯煎（50〜60℃）を張ったバットを置いて、
　 160℃のオーブンで約30分焼成する。※湯煎はプリン液が入っている高さまであるとよい。
⑤ オーブンから取り出し粗熱を取り、型ごと冷蔵庫で充分冷やしてから、皿にひっくり返す。

MEMO
大きな型でダイナミックに焼き、ナイフでカットして取り分けるスタイルで、お祝い時やパーティー
の主役にぴったり。

🇵🇾 パラグアイのおやつ

Pasta frolla（パスタ・フローラ）

イタリア発祥のタルト菓子。パラグアイではグアバジャムを使うのが定番だが、
酸味が強いので、イチゴなどのベリー類で代用するのがおすすめ。

材料（直径18cmの底が抜けるタルト型）

◆ タルト生地
・無塩バター　125g
・グラニュー糖　100g
・塩　1g
・全卵　30g（L玉1/2個分）
・卵黄　20g
・薄力粉　250g
・ベーキングパウダー　4g

◆ ベリージャム
160g　※作り方はp.9参照。

・ナパージュ（もしくは飾り用粉糖）　適量
・ココナッツロング（もしくはローストアーモンドスライス）　適量

下準備

バター、全卵は室温に戻しておく。

薄力粉とベーキングパウダーは合わせてふるっておく。

タルト型に溶かしたバター（分量外）を薄く塗り、底にクッキングシートを敷いて
冷蔵庫に入れておく。

オーブンを170℃に予熱しておく。

作り方

◆ タルト生地を作る

❶ ボウルにバターを入れて、ホイッパーでクリーム状にする。

❷ ❶にグラニュー糖、塩を加えて、ホイッパーで白っぽくなるまでしっかり混ぜ合わせる。

❸ 全卵と卵黄を合わせて溶き、❷に少しずつ加えて混ぜ合わせる。

❹ ❸にふるった薄力粉とベーキングパウダーを加えゴムベラで混ぜ合わせて、
ひとかたまりになったらラップに包み、冷蔵庫で最低1時間休ませる。

❺ ❹の生地を、2枚のクッキングシートにはさんで、麺棒で厚さ5mmにのばし、タルト型に敷く。
はみ出た生地は麺棒かナイフで切り落とす。

❻ 切り落とした生地をひとつにまとめて、厚さ2〜3cm程度にのばし、冷蔵庫で休ませる。

◆ 焼成・仕上げ

❶ 型に敷いたタルト生地の上に、ベリージャムを160g入れて広げる。
そのまま、ジャムの表面が乾くまで冷蔵庫に入れる。

❷ ❼の生地を冷蔵庫から取り出し、約1cm幅の帯状にカットしてから（約12本取れる）、
ベリージャムの上に1.5cm間隔で格子状に飾る。

❸ 170℃に予熱したオーブンで40分程焼成し、取り出して冷まし、刷毛でナパージュを塗るか
飾り用粉糖をあしらい、ふちにココナッツロングかローストアーモンドを飾る。

MEMO

日本でよく食べられている「タルト生地」よりも、厚みがあり、ふんわりとしているのが特徴。

3章／中南米・北米のおやつ

Cañoncitos（カニョンシートス）

コルネ状に焼き上げた、さくさくのパイ菓子。南米版キャラメルクリーム（ドゥルセ・デ・レチェ）だけでなく、チョリソーなどのお総菜を合わせると軽食にもぴったり。

材料（パイシート1枚10×16cmの場合）

◆ 生地
・冷凍パイシート　1枚
・溶き卵（つや出し用）　適量

◆ フィリング
・キャラメルクリーム（ドゥルセ・デ・レチェ）　約120g　※作り方はアルファフォーレス（p.132）参照
　もしくは、好みのクリームや総菜など

◆ 仕上げ
・チョコレート、飾り用粉糖、カカオパウダーなど

作り方
❶ 冷凍パイシートを、使用する数時間前から冷蔵庫へ移し解凍する。
❷ ❶がやわらかくなったら、2枚のクッキングシートにはさんで20×18cm程の大きさにのばす。
❸ オーブンを190℃に予熱し始める。
　パイローラーかフォークの先端でまんべんなく穴を空けて、
　3×20cm（直径3cmの筒の場合）程の帯状にカットする。
❹ ステンレスのコルネ（もしくはラップの芯にアルミ箔を巻いたもの）に、刷毛で植物油（分量外）を塗る。
❺ ❹に❸を巻き付けて、巻き終わりに水（分量外）を指先で薄く塗り、その部分を下にして、
　クッキングシートを敷いた天板に並べる。表面に刷毛で溶き卵を薄く塗る。
❻ 190℃のオーブンで約20分焼成する。焼き上がったら型から外して冷まし、
　キャラメルクリームなど好みのフィリングを詰める。
❼ 仕上げに、溶かしたチョコレートをコーティングしたり、粉糖、カカオパウダーなどを飾る。

MEMO
自家製の折り込みパイ生地（p.10）を使用すれば、よりぜいたくな味わいを楽しめます。

Alfajores（アルファフォーレス）

柑橘香るホロホロの生地と濃厚なキャラメルクリームが特徴の、
南米を代表するお菓子。アマレットを香らせ、甘さの中に奥行きを持たせました。

材料（直径4.5cmの抜き型で20セット分）

◆ **クッキー生地**
・無塩バター　300g
・粉糖　150g
・コーンスターチ　300g
・薄力粉（あればスーパーバイオレット）　150g
・卵黄　60g
・ライムの皮すりおろし
　（なければレモンでも可）　8g
・打ち粉（強力粉）　適量

◆ **キャラメルクリーム（ドゥルセ・デ・レチェ）**
・コンデンスミルク缶　1缶（397g）
・アマレット（あれば）　15g

◆ **仕上げ**
・ココナッツロング　適量

下準備

バターと卵黄は室温に戻しておく。

コーンスターチと薄力粉は合わせてふるっておく。

オーブンは150℃に予熱しておく。

作り方

◆ クッキー生地を作る

❶ ボウルにバターを入れて、ホイッパーでクリーム状にする。

❷ ❶にライムの皮すりおろし、粉糖を加えて、白っぽくなってきたら卵黄を少しずつ加えて混ぜる。

❸ ❷にコーンスターチと薄力粉を加えて、ゴムベラで混ぜ合わせ、粉っぽさがなくなったら、
手でなめらかなひとかたまりにする。

❹ ❸をある程度平らにしてラップで包み、冷蔵庫で最低30分以上休ませる。

❺ ❹に打ち粉をして、麺棒で8mm程の厚さにのばし、打ち粉をした丸い抜き型で40個抜く。
※途中、生地がやわらかくなってしまったら、冷蔵庫で冷やしながら行う。

❻ 天板にシルパン（なければクッキングシート）を敷いて、❺を並べ150℃のオーブンで
12〜15分焼成する。焼き色がつく直前に取り出して冷ます。

◆ キャラメルクリーム（ドゥルセ・デ・レチェ）を作る

❶ 圧力鍋にコンデンスミルク缶を開封せずにそのまま置く。缶が完全に水につかる状態にして
鍋にふたをし、強火にかける。

❷ 沸騰したら弱火にし、そのまま30〜40分程火を入れる。
※普通の鍋で行うときは、3〜3.5時間かかる。

❸ 火からおろしたら、鍋の圧力が完全に抜けるまで待ち、缶がお湯につかったままの状態で
ある程度冷ます。

❹ 缶が完全に冷めたら、でき上がった中のキャラメルクリームをボウルに取り出し、
ホイッパーでなめらかにしてアマレットを加え合わせる。

◆ 仕上げ

❶ ココナッツロングを160℃のオーブンで軽くローストする。

❷ クッキー生地2枚に、キャラメルクリームを15g程はさむ。

❸ ❷の横からのぞくキャラメルクリームに❶をまぶし、冷蔵庫で冷やす。

アルゼンチンのおやつ

Palmerita（パルメリータ）

フランス菓子「パルミエ」は、日本の「源氏パイ」のルーツで、
南米にも渡り広く愛されています。現地よりも小さく食べやすいひと口サイズを紹介。

材料（作りやすい分量）
・冷凍パイシート　1枚
・グラニュー糖　適量
　※好みでグラニュー糖にシナモンパウダーを適量混ぜても○
・水　適量

作り方
① 冷凍パイシートは使う数時間前から冷蔵庫内で解凍しておく。
② ①がやわらかくなったら取り出して、2枚のクッキングシートで上下をはさみ、
　 厚さ2.5〜3mmの正方形にのばす。
③ ②の表裏に刷毛で薄く水を塗り、上からグラニュー糖をまんべんなくまぶす。
④ 両サイドから中央に向かってくるくると巻き、真ん中の接着面に刷毛で水を塗り、
　 半分に折りたたむ。
⑤ 生地をラップで包み冷凍庫で20分冷やす。冷凍庫から取り出す数分前に、
　 オーブンを190℃に予熱しはじめる。
⑥ ⑤を5mmの幅にカットして、クッキングシートを敷いた天板に並べる。
　 焼成中、横に広がるので間隔を空ける。
⑦ 190℃に予熱したオーブンで約20分焼成する。

MEMO
くるくると折りたたんだ生地を最後に接着する工程を、丁寧に行うことで左右対象に美しく焼き
上がる。
自家製の折り込みパイ生地（p.10）を使用すれば、よりぜいたくな食感が実現。

Pionono（ピオノノ）

南米版のロールケーキ。中のフィリングは、定番のキャラメルクリームから
軽食用のお総菜まで自由にカスタムできるのも魅力のひとつです。

材料（30×30cmの天板1台分）

◆ 生地
・無塩バター　50g
・卵黄　120g（約L玉6個分）
・グラニュー糖　90g
・卵白　200g（約L玉5個分）
・薄力粉　50g

・キャラメルクリーム（ドゥルセ・デ・レチェ）　約200g　※作り方はアルファフォーレス（p.132）参照

下準備
天板にクッキングシートを敷いておく。立ち上がり部分は少し高さを出してしっかりと覆い四隅を抑える。
オーブンを200℃に予熱しておく。

作り方
① ボウルにバターを入れて、湯煎（40℃が目安）で溶かす。
② 別のボウルに卵黄と、グラニュー糖の一部（分量のうち15g程度）を合わせて、
　 ホイッパーで白っぽくもったりとするまで泡立てる。
③ 大きめのボウルに卵白を入れて少しほぐしてから、残りのグラニュー糖を全て加え、
　 ハンドミキサーで泡立てる。
④ ③がくっきりと筋が残るくらいになったら、②を加えて、ホイッパーで均一になるように合わせる。
⑤ ④に薄力粉をふるいながら加えて、ゴムベラでつやが出るまで合わせる。
⑥ ⑤に①を加えて、ゴムベラでボウルの底からすくい上げるようにして混ぜる。
⑦ 型に⑥を流して表面をカードで平らにならし、台に軽く落として空気を抜く。
　 200℃のオーブンで12分焼成する。
⑧ オーブンから取り出したらすぐに型から外して、
　 立ち上がり部分のみクッキングシートをはがす（焼き縮み防止のため）。
⑨ 完全に冷めたら、クッキングシートを上にかぶせてからひっくり返し、
　 底のクッキングシートをはがして焼き色が下になるように置く。
⑩ キャラメルクリームを薄く塗って、手前から生地をロールアップする。
⑪ 巻き終わりを下にしてクッキングシートを巻き付けて、冷蔵庫で最低30分休ませてからカットする。

3章／中南米・北米のおやつ

Medialuna（メディアルナ）

ドイツ由来の三日月形の菓子パン。食感はしっとり＆ふんわりで、やさしい甘さ。
サンドイッチにしてアレンジするのもおすすめです。

材料（5〜6個分）

◆ パン生地
- 強力粉　100g
- グラニュー糖　15g
- 塩　2g
- インスタントドライイースト　2.5g
- 全卵　12g
- バニラオイル　1g
- 牛乳　45g

- 無塩バター　15g
- 打ち粉（強力粉）　適量
- 溶き卵（つや出し用）　適量

◆ シロップ
- 水　30ml
- グラニュー糖　30g

下準備
全卵、バターは室温に戻しておく。

作り方

① ボウルに、強力粉、グラニュー糖、塩、インスタントドライイーストを加えてホイッパーで合わせておく。

② ❶に全卵、バニラオイル、人肌程度に温めた牛乳を加えゴムベラを使って混ぜ、
ひとかたまりになったら、ある程度グルテンの粘りが出るまで手でこねる。

③ バターを加えてさらにこね、はり・つやが出てきたらひとつに丸めてラップで覆い、
2倍近くに膨らむまで発酵させる（30℃で1時間が目安）。

④ 打ち粉をした❸の生地をガス抜きして、麺棒で約20×16cm程の長方形にのばす。
カードで底辺7cm、高さ16cmの二等辺三角形にカットする。

⑤ 三角形の底辺からくるくるとクロワッサンのような形に巻いて成形し、
ぬれ布巾などで覆い室温で1.5倍に膨れるまで発酵させる（30℃で30分が目安）。

⑥ オーブンを190℃に予熱する。

⑦ クッキングシートを敷いた天板にのせて、刷毛で溶き卵（つや出し用）を薄く塗り、
190℃のオーブンで約15分焼成する。

⑧ 鍋に水とグラニュー糖を入れて弱火で沸騰させてシロップを作り、冷ましておく。

⑨ ❼が焼き上がったら取り出して、刷毛で❽を塗る。

Berlin（ベルリン）

ドイツ由来の揚げドーナツ。甘さ控えめのブリオッシュ生地を揚げて
カスタードクリームをサンドした、シンプルなおいしさです。

材料（約10個分）

◆ 生地
・薄力粉（ドルチェ）　125g
・強力粉（はるゆたか）　125g
・グラニュー糖（仕上げ用）　適量
・グラニュー糖　5g
・塩　1g
・インスタントドライイースト　7g
・全卵　120g（L玉約2個分）
・牛乳　75g
・無塩バター　24g
・打ち粉（強力粉）　適量
・揚げ油　適量

・カスタードクリーム　約200g　※作り方はp.8参照。

下準備
全卵、バターは室温に戻しておく。

作り方
① ボウルに、薄力粉、強力粉、グラニュー糖、塩、インスタントドライイーストを加えて
　 ホイッパーで合わせておく。
② ①に全卵、人肌程度に温めた牛乳を加えてゴムベラを使って混ぜ、ひとかたまりになったら、
　 ある程度グルテンの粘りが出るまで手でこねる。
③ バターを加えてさらにこね、はり・つやが出てきたら、ひとつに丸めてラップで覆い、
　 2倍近くに膨らむまで発酵させる（30℃で1時間が目安）。
④ 打ち粉をした③の生地をガス抜きして、麺棒で約2cmの厚さにのばす。
　 直径6cm程の抜き型で抜いて、ぬれ布巾などで覆い1.5倍程度に膨らむまで発酵させる
　 （30℃で10〜20分が目安）。
⑤ 170℃に熱した油で、両面を3分ずつきつね色になるまで揚げる。
⑥ 油を切ったら、グラニュー糖をまぶす。
⑦ ナイフで切り込みを入れ、カスタードクリームをはさむ。

第3章／中東・北米のおやつ

Calzones rotos（カルソネス・ロトス）

チリの家庭で手作りされることが多いという、ベーキングパウダーを使った
手軽な揚げ菓子。手綱こんにゃくのようなユニークな形とレモンの香りが特徴。

材料（作りやすい分量）
・無塩バター　20g
・薄力粉　150g
・ベーキングパウダー　5g
・グラニュー糖　60g
・全卵　60g（L玉約1個分）
・牛乳　15g
・レモンの皮すりおろし　5g（約1個分）
・打ち粉（強力粉）　適量
・揚げ油　適量
・粉糖　適量

作り方
❶ ボウルにバターを入れて、湯煎にかけて溶かす。
❷ 別のボウルに薄力粉とベーキングパウダーを合わせてふるい、
　 グラニュー糖、全卵、牛乳、レモンの皮すりおろしを加えてホイッパーで合わせる。
❸ ❷に❶を加え、混ぜてひとまとめにしたら、打ち粉をして約5mmの厚さにのばす。
❹ ピザカッターやナイフで細長い長方形（2.5×8cmが目安）にカットし、中央部分に
　 切り込みを入れたら、切り込みに片側の生地を差し込んで手綱こんにゃくのようにくるっと返す。
　 ※長方形の大きさや仕上がりの形は不揃いでOK。
❺ 170℃に熱した油に入れて、きつね色に揚げる。
❻ 油を切ったら、粉糖をかける。

MEMO
難しく考えず、楽しみながら自由に形を作るのがこのお菓子の醍醐味！

■ メキシコのおやつ

Torta de tres leches（トレスレチェ）

メキシコをはじめとして中米で広く親しまれている、家庭の味。トレス＝3、レチェ＝ミルクの意味通り3種類のミルクを使ったシロップをたっぷり染み込ませます。

材料（18 × 12 × 高さ7cm程の耐熱皿1台分）

◆ スポンジ生地
- ・全卵　180g（L玉3個分）
- ・きび砂糖（もしくはグラニュー糖）　50g
- ・薄力粉　40g
- ・強力粉　40g

◆ ミルクシロップ
- ・エバミルク（もしくは牛乳）　110g
- ・生クリーム（できれば乳脂肪分47％）　60g
- ・コンデンスミルク　120g
- ・ラム酒　10g

◆ 仕上げ
- ・生クリーム　150g
- ・グラニュー糖　12g
- ・ラム酒　5g
- ・バニラエッセンス　1g
- ・シナモンパウダー　好みの量
- ・果物　好みの量

〈難易度〉
★★★

145

3章／中南米・北米のおやつ

下準備

耐熱皿にバター（分量外）を薄く塗り、冷蔵庫に入れておく。
オーブンは180℃に予熱しておく。

作り方

◆ 生地を作る

① ボウルに全卵ときび砂糖を加えて、湯煎（約60℃が目安）に当てながら、
　　もったりとして筋が見えるくらいまで泡立てる。

② ①に薄力粉と強力粉を合わせて、ふるいながら数回に分けて加え、ゴムベラでさっくりと混ぜ合わせる。

③ ②を型に流して、台に軽く打ち付け、180℃のオーブンで約20分焼成する。

◆ ミルクシロップを作る

容器に、エバミルク、生クリーム、コンデンスミルク、ラム酒を入れてよく混ぜ合わせる。

◆ 仕上げ

① 焼き上がったケーキに竹串で細かく穴を空けて、ミルクシロップをゆっくりかけて染み込ませる。
　　冷蔵庫で一晩冷やす。

② ボウルに生クリームとグラニュー糖、ラム酒、バニラエッセンスを入れて、ホイッパーで7分立てにする。

③ ①をひっくり返して皿にのせ、スプーンの背などを使って②をデコレーションし、
　　シナモンパウダーや果物を飾る。

Potato pudding（ポテトプディング）

イギリス由来のプディングにジャマイカらしさが加わったおいものケーキ。
コーンミール独特の食感とスパイスの香りを閉じ込めて、丁寧な蒸し焼きに。

材料（直径15cmの型1台分）

- ドライレーズン　40g
- ラム酒　20g
- アマレット　10g
- さつまいも　正味450g
- 無塩バター　50g
- きび砂糖　150g
- 全卵　70g
- ココナッツミルク　100g
- 塩　1g
- ナツメグパウダー　2g
- シナモンパウダー　2g
- コーンミール　75g
- グラニュー糖　適量

下準備

バターと全卵は室温に戻しておく。
オーブンは170℃に予熱しておく。

作り方

① ドライレーズンは熱湯で戻し、ラム酒とアマレットを合わせる。

② さつまいもは、湯がくか蒸すなどして皮をむいておく。

③ ②が温かいうちにボウルに移し、ホイッパーでつぶしてなめらかにしたら、
バターときび砂糖を加えて合わせる。

④ ③に全卵とココナッツミルクを加えて、網でこす。

⑤ ④に、塩、ナツメグパウダー、シナモンパウダー、コーンミール、①を加える。

⑥ クッキングシートを敷いた型に生地を流したら、台に軽く打ち付けて空気を抜く。

⑦ お湯（50～60℃）を張った大きめのバットに⑥を置き、バットごとオーブンの天板の上に置いて、
170℃で約40分焼成する。

⑧ 粗熱が取れたら型から外し、食べる直前に表面にグラニュー糖をまぶして、
バーナーやオーブントースターで表面の砂糖を焦がして焼き色を付ける（キャラメリゼ）。
一度に食べきれない場合は冷蔵庫で保存し、再度食べる直前に電子レンジで軽く温めてから、
キャラメリゼする。

Bread pudding（ブレッドプディング）

イギリスから伝わったとされる、パンで作るプリン。プリン液を染み込ませて
焼き上げたカリカリの外面と、どっしりとした中身のコントラストが魅力です。

材料（15×12cm程の耐熱皿）
・バゲット（もしくは食パン）　100g
・ドライレーズン　30g
・ラム酒（好みで）　10g
・全卵　120g（L玉約2個分）
・きび砂糖　20g
・牛乳　200g
・生クリーム　50g
・バニラオイル　1g
・バター（無塩、有塩どちらでも）　適量
・飾り用粉糖　適量
・シナモンパウダー（好みで）　適量
・ローストしたナッツ（好みで）　適量
・メープルシロップや蜂蜜　適量

作り方
① ボウルに、熱湯で戻したドライレーズンとラム酒を入れて、しばらく漬ける。
② バゲットを2cm程に角切りする。
③ 別のボウルに、全卵ときび砂糖を入れて、ホイッパーで擦り混ぜてから、牛乳と生クリーム、
　 バニラオイルを加えて合わせる。
④ ③に①と②を入れて合わせ、15分程置いてパン生地に液体を染み込ませる。
　 オーブンを180℃に予熱し始める。
⑤ 耐熱皿に、刷毛で溶かしたバターを塗って④を流し、180℃のオーブンで約25分焼成する。
⑥ オーブンから取り出して、粗熱が取れたら冷蔵庫で最低半日冷やす。
⑦ 食べる際に、メープルシロップや蜂蜜をかけ、好みで粉糖やシナモンパウダー、
　 ローストしたナッツをかける。

MEMO
ホイップクリームやバニラアイスを添えて食べるのもおすすめ。

Pastel de Guayaba
（パステル・デ・グアヤバ）

キューバではポピュラーな食材のグアバ。酸味の効いたグアバの代わりに、
ベリーのジャムをたっぷりはさんでカジュアルなパイ菓子に仕上げました。

材料（4個分）
・冷凍パイシート　1枚
・ベリージャム　40〜60g
　※作り方はp.9参照。
・溶き卵（接着・つや出し用）　適量

作り方
❶　冷凍パイシートは使用する数時間前から冷蔵庫へ移し解凍する。

❷　❶がやわらかくなったら2枚のクッキングシートにはさんで、
　　厚さ2.5mmの正方形にのばす。
　　※10×16cmのシートを使用した場合、20×20cm程になる。

❸　オーブンを190℃に予熱し始める。冷凍パイシートは、パイローラーかフォークの先端で
　　まんべんなく穴を空けて、4枚の正方形にカットする。

❹　カットした1枚の生地にベリージャム10〜15gをはさみ三角形に折りたたんで、
　　接着面に刷毛で溶き卵を薄く塗り、フォークの背で押しながら模様をつける。

❺　クッキングシートを敷いた天板の上に並べ、全体に刷毛で溶き卵を薄く塗り、
　　190℃のオーブンで20〜30分焼成する。

〈難易度〉
★

151

3章／中南米・北米のおやつ

MEMO
甘みがそれ程強くないため、日本ではフレッシュグアバを使う機会がほとんどないが、グアバの産
地である中南米では、ペーストやゼリーなどを始めとし、スイーツに好んで用いられる。

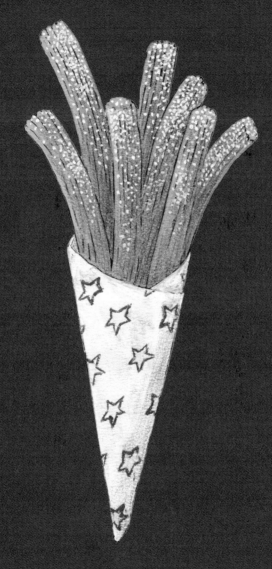

Churro（チュロ）

スペイン発祥のチュロは元来、職人が専用の機械を使いシュー生地を揚げた
お菓子。キューバ風に、コンデンスミルクにディップするのもおすすめ。

材料（作りやすい分量）

- 牛乳　85g
- オレンジジュース　40g
- 無塩バター　50g
- 塩　3g
- グラニュー糖　3g
- バニラオイル　0.5g

- オレンジの皮　1/4個分
- 薄力粉（エクリチュール）　100g
- 全卵　90g（L玉約1.5個分）
- 揚げ油　適量
- グラニュー糖（最後にまぶす用）　適量

下準備

全ての材料を室温に戻しておく。薄力粉はふるっておく。全卵は溶いておく。

作り方

① 鍋（熱伝導のよい銅やステンレス素材の厚手の鍋がおすすめ）に、牛乳、オレンジジュース、
バター、塩、グラニュー糖、バニラオイル、オレンジの皮を入れて、強火で沸騰させる。

② 鍋底を中心にゴムベラをゆっくり動かして、バターやグラニュー糖を溶かしたら、
いったん火を止め、ふるっておいた薄力粉を一度に加え素早くゴムベラで合わせる。

③ ひとかたまりになったら、再び火を付けて、中強火で鍋底に薄い膜がこびりつくまで加熱する。
※①でしっかり沸騰できていれば、10秒程できちんと粉に火が入り膜ができる。

④ 火を止めボウルに移したら、溶いてあった全卵の2/3を一気に加え、ゴムベラでしっかりと混ぜる。
※生地に対してゴムベラを垂直に持ち、切るように混ぜる。

⑤ 全てがなじんでひとかたまりになったら、残りの全卵を2〜3回に分けて少しずつ加えながら、
都度まとまるまでよく混ぜる。生地のもつ水分量によって、加える全卵の量が変わるため、
全卵を全て入れ切る前に、生地の状態を都度チェックする。

⑥ ゴムベラで生地をすくったときに、生地が3秒程かけてゆっくり落ち、
残りの生地がゴムベラに逆三角形に残るくらいになったら完成。

⑦ 星形の口金をセットして、⑥が温かいうちに移したら、
170℃に熱した油の中に好きな形に絞り入れる。
※現地キューバの屋台風にする場合には、羊の角をイメージして大きく輪を描くように絞る。

⑧ きつね色に揚がったら、取り出して油を切り、持ちやすい大きさにカットし全体に
グラニュー糖をまぶす。

Cabezotes（カベソテス）

軽いマフィン生地に、ジューシーなシロップを染み込ませた新感覚なケーキ。
オレンジ果汁にほんのりスパイスを香らせたアレンジレシピです。

材料（底5×高さ6cmのマフィンカップ 約5個分）
※シリコンカップや紙コップでも代用可。

◆ マフィン生地
・全卵　60g（L玉約1個分）
・グラニュー糖　50g
・塩　0.5g
・植物油　50g
・薄力粉　70g
・ベーキングパウダー　4g
・牛乳　30g

◆ シロップ
・オレンジ果汁　100g（約1個分）
・グラニュー糖　20g
・グランマルニエ　6g
・シナモンスティック　1/4本
・アニスホール　1個
・バニラビーンズ　1/5本

下準備
全卵、牛乳を室温に戻しておく。オーブンを180℃に予熱しておく。

作り方

◆ シロップを作る
鍋に材料を全て入れて、弱火にかける。グラニュー糖が溶けて香りが立ってきたら、
容器にざるでこして室温に冷ます。

◆ マフィン生地を作る
① ボウルに全卵とグラニュー糖、塩を入れて、ホイッパーで白っぽくもったりとするまで混ぜ合わせ、
　植物油を加えてさらに混ぜる。
② ①に薄力粉とベーキングパウダーをふるいながら加え、ゴムベラでさっくりと合わせてから、
　最後に牛乳を加えなめらかになるまで混ぜる。
③ 生地をカップに流して、180℃のオーブンで約20分焼成する。

◆ 仕上げ
マフィンが焼き上がったら、竹串か楊枝で表面から底にかけて数カ所に穴を空け、
シロップをゆっくりと染み込ませる。
冷蔵庫でしばらく冷やしてから食べるのがおすすめ。

3 章／中南米、北米のおやつ

Cake Doughnuts（ケーキドーナツ）

ザクッ、ホロッとした食感がベーシックなドーナツ。
おうちにあるものを使って、きれいなリング型が作れます。

材料（約8個分）

- 薄力粉（エクリチュール）　180g
- ベーキングパウダー　5g
- きび砂糖（もしくはグラニュー糖）　60g
- 全卵　55g
- 牛乳　10g
- 有塩バター　20g

- 打ち粉（強力粉）　適量
- 揚げ油　適量
- グラニュー糖（まぶす用）　適量

作り方

① ボウルにふるった薄力粉とベーキングパウダーを入れ、
きび砂糖を加えホイッパーで合わせる。

② 別のボウルに、全卵と牛乳を加えてホイッパーで合わせる。

③ 小さいボウルにバターを入れて、湯煎で溶かす。

④ ①に②と③を順番に加え、ゴムベラか手で均一にひとまとまりにする。
※グルテンの粘りが出るとかたくなるので、混ぜすぎに注意する。

⑤ ④をラップで包み、冷蔵庫で最低30分休ませる。

⑥ 取り出した生地を軽く手でなじませてから、打ち粉をして1cm程の厚さにのばす。

⑦ 直径6cmと2.5cm程の丸い抜き型をそれぞれ用意し（コップやグラスなどの飲み口部分を
使ってもよい）、打ち粉をしながらリング型に抜く。残った生地もひとまとまりにして全部で8個作る。

⑧ 170℃の油で、裏表ひっくり返しながらきつね色になるまで揚げる。

⑨ 取り出して油を切ったら、温かいうちにグラニュー糖をまぶす。

〈難易度〉
★

157

3章／中南米・北米のおやつ

MEMO
アレンジは自由に楽しめるのがドーナツの醍醐味！
製菓材料店で購入できる「パータグラッセ」というコーティング用チョコレートを活用すれば、テンパリング不要でチョコレートのデコレーションが楽しめる。その上から、お好みのカラースプレーやナッツなどを自由にデコレーションするのもおすすめ。

Chocolate Chip Cookie
(チョコチップクッキー)

アメリカでは「家庭の味」として浸透している、チョコレートをぜいたくに使ったクッキー。短時間で焼き上げることで、しっとりとした食感が生まれます。

材料（約10個分）
- 無塩バター　50g
- きび砂糖　65g
- 卵黄　20g（L玉約1個分）
- バニラオイル　1g
- 薄力粉　100g
- 重曹　1g
- 塩　1g
- ビターチョコレート（カカオ分60%を推奨）　100g
  ※チョコチップでも可。

下準備
薄力粉と重曹、塩は合わせてふるっておく。
チョコレートは大きめ（1cm角以上）に刻んでおく。
オーブンは170℃に予熱しておく。
バター、卵黄は室温に戻しておく。

作り方
① ボウルにバターを入れて、ゴムベラでクリーム状にし、きび砂糖を加えて擦り混ぜる。
さらに、卵黄とバニラオイルを加えてなめらかになるまで混ぜる。

② ふるった薄力粉、重曹、塩を加え、ゴムベラで切るように混ぜる。
まだ粉が残っている段階でチョコレートを加えて合わせる。

③ 生地を10等分にして手で丸め、そっと中央を押しながら直径3cm程の円形にする。
クッキングシートを敷いた天板の上に、間隔を空けて並べる（焼くと広がるため）。

④ 170℃のオーブンで約8分焼成する。まだやわらかい状態でオーブンから取り出し、
数分置いてからクッキングシートから外す。

Peanut Butter Cookie
（ピーナッツバタークッキー）

ピーナッツバターはアメリカのキッチンには欠かせないアイテムのひとつ。
格子模様をつけて、しっとりと焼き上げます。

材料（約8枚分）
- ピーナッツペースト（食塩、砂糖不使用）　90g
- きび砂糖　45g
- 卵黄　20g（L玉1個分）
- バニラオイル　1g
- 薄力粉　2g
- 塩　0.6g

下準備
卵黄は室温に戻しておく。
薄力粉と塩を合わせてふるっておく。
オーブンは170℃に予熱しておく。

作り方
❶ ボウルにピーナッツペーストを入れて、ゴムベラでなめらかにしてから、
　きび砂糖を加えて混ぜ合わせる。
❷ ❶に卵黄とバニラオイルを加えてゴムベラで混ぜる。
❸ 薄力粉と塩を加えてゴムベラでひとかたまりにする。
　※パサついてぼろぼろとした状態の場合には、植物油（分量外）を
　一滴ずつ加えて調整する。
❹ ❸を8等分にして丸め、手でやさしく押しながら平らにする。
　クッキングシートを敷いた天板に並べてから、フォークの背を押し付けて格子模様を入れる。
❺ 170℃のオーブンで約8分焼成する。焼き上がり直後はやわらかく崩れやすいので注意する。

MEMO
厚さや焼き加減によって食感が大きく変わってくるので、自分好みの形を見つけてみて。

3巻／中南米　北米のおやつ

Brownie（ブラウニー）

アメリカ生まれの濃厚なチョコレートケーキ。しっとりとしたリッチな食感の
秘訣は焼き加減にあり。好みのナッツを使って食感に変化をつけてみて。

材料（20cmのスクエア型1台分）
※おうちにある型なら全て代用可。
- 無塩バター　120g
- クーベルチュール・チョコレート（できれば製菓用60%程のカカオ分のもの）　240g
- きび砂糖　230g
- 塩　3g
- 全卵　180g（L玉3個分）
- 薄力粉　140g
- カカオパウダー　25g
- ベーキングパウダー　1g
- ピーカンナッツ（もしくはクルミ）　150g

下準備
ピーカンナッツを160℃のオーブンでローストして、粗く刻んでおく。
オーブンを170℃に予熱しておく。

作り方
① 薄力粉とカカオパウダー、ベーキングパウダーは合わせてふるっておく。
② ボウルに薄く切ったバターとチョコレートを入れて、湯煎（50〜55℃）にかけて溶かす。
③ 別のボウルに、全卵ときび砂糖、塩を入れ、ホイッパーで擦り混ぜる。
④ ②に③を加えて、ホイッパーで合わせる。
　　※気泡が入らないように混ぜる。
⑤ ④に①を加えて、ゴムベラで合わせてからピーカンナッツを加えて合わせる。
　　※粉が見えなくなったらOK。混ぜすぎに注意する。
⑥ クッキングシートを敷いた型に生地を流して、ゴムベラやカードを使って平らにならし、
　　型の底を、2〜3回トントンとたたいて空気を抜く。
⑦ 170℃のオーブンで15分焼き、その後型を反転してから、庫内温度を150℃に落として
　　15分程焼成。取り出して、冷ます。
　　※中はフォンダンショコラのようにしっとりしているのが特徴。焼きすぎに注意する。

Pecan Pie（ピーカンパイ）

アメリカ南部で愛されるパイ菓子。サクサクとした生地はワンボウルで気軽に
作れます。独特の食感のフィリングとナッツのハーモニーをぜひ。

材料（直径15cmのパイ皿かタルト台）

◆ ホットウォータークラスト
・無塩バター　60g
・塩　1g
・熱湯　20ml
・薄力粉　90g
・全卵　適量
※フィリングを入れても湿気ないようにするため。

◆ トッピング
・生クリーム　100〜150g
・ウイスキーやラム酒など　好みで

◆ フィリング
・無塩バター　15g
・コーンシロップ
（もしくは粘度の低い米水飴）　70g
・きび砂糖　50g
・全卵　60g（L玉約1個分）
・バニラオイル　5g
・ピーカンナッツ　90g

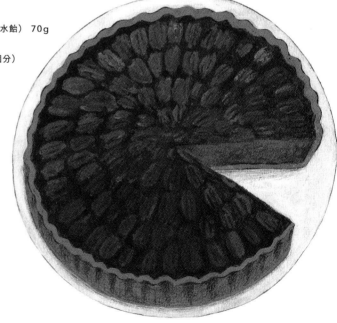

下準備

ピーカンナッツをローストし粗く刻んでおく。

フィリング用の全卵は室温に戻しておく。

作り方

◆ ホットウォータークラストを作る

① ボウルに、1cm角に切ったバターと塩を入れて、熱湯を加えてホイッパーで
なめらかなクリーム状にする。固形のバターが残る場合には、数秒ずつ湯煎にかけて様子を見る。

② ①に薄力粉をふるいながら加えて、カードでひとまとめにする。
ラップに包んで冷蔵庫で最低1時間休ませる。

③ ベーキングシート2枚の間に②をはさみ、麺棒を使って焼き型より一回り大きな、
厚さ2.5mm程にのばす。

④ 焼き型に敷き込み、はみ出た部分を切り取る（パイ皿の場合には好みのふち取りを施す）。

⑤ 底と側面にフォークで穴を空けて、生地にぴったりとラップをして冷蔵庫で最低1時間休ませる。

⑥ オーブンを200℃に予熱したら、冷蔵庫から⑤を取り出してラップを取り、
焼き型より一回り大きいアルミ箔をぴったりと敷き込み、
型いっぱいに重しをのせる（生の小豆でも代用可）。

⑦ 200℃に温めたオーブンで約30分焼成する（半焼き）。

⑧ 取り出したら、アルミ箔と重しをすぐに取り外して、刷毛で溶き卵を生地の内側に薄く塗り、
再びオーブンに3分程入れて乾かす。

⑨ ケーキクーラーの上に取り出して、粗熱を取る。オーブンを180℃に予熱する。

◆ フィリングを作る

① ボウルにバターを入れて湯煎で溶かし、コーンシロップときび砂糖を加えてホイッパーで擦り混ぜる。

② ①に溶いた全卵を少しずつ加え擦り混ぜてから、バニラオイルとピーカンナッツを加えて混ぜる。

③ クラスト生地のふちをアルミ箔で覆い（焦げ防止のため）、②のフィリングを流す。

④ 180℃のオーブンで約30分焼成する。焼き上がったらすぐに、アルミ箔を外す。
完全に冷めてからカットする。

⑤ 食べる際に、8分立てした生クリームを添える。好みで生クリームにウイスキーやラム酒をかける。

MEMO

一晩冷蔵庫で寝かせても、また違う味わいが楽しめる。

3章／中国米、北米のおやつ

BeaverTails（ビーバーテイルズ）

カナダのオタワ発祥の、ビーバーのしっぽ（テイル）を模した平たい揚げパン。
生地そのものは甘さ控えめなので、トッピングを大いに楽しむのが醍醐味です。

材料（6〜8個分）

- 強力粉（はるゆたか）　30g
- 薄力粉（ドルチェ）　60g
- グラニュー糖　10g
- 塩　1.5g
- インスタントドライイースト　1.5g
- 全卵　60g（L玉約1個分）
- 牛乳　30g
- 植物油　5g

- 打ち粉（強力粉）　適量
- 揚げ油　適量

◆ **好みのトッピング　各種適量**
- グラニュー糖＆シナモンパウダー＆レモン果汁
- 蜂蜜＆レモン果汁
- メープルシロップ＆バター
- チョコソース＆バナナ

〈難易度〉 ★★★

3章／中南米・北米のおやつ

作り方

1. ボウルに、強力粉、薄力粉、グラニュー糖、塩、インスタントドライイーストを加えて
   ホイッパーで合わせておく。
2. ①に全卵、人肌程度に温めた牛乳を加えてゴムベラを使って混ぜ、ひとかたまりになったら、
   ある程度グルテンの粘りが出るまで手でこねる。
3. 植物油を加えてさらにこね、はり・つやが出てきたらひとつに丸めてラップで覆い、
   2倍程度に膨らむまで発酵させる（30℃で1時間が目安）。
4. ③の生地を、打ち粉をした台に取り出して、手のひらで平らにならすようにガスを抜き、
   カードで6〜8等分にして丸め直す。
   ※6等分は軽食になる程の大きなサイズになるので、大きな油鍋かフライパンが必要。
5. ④にぬれ布巾やビニールをかけて、乾燥を防いだ状態で10〜20分休ませる。
6. ⑤を、打ち粉をした麺棒で平たい楕円に厚さ2.5mm程に薄くのばして、
   1.5倍程度に膨らむまで発酵させる（30℃で30分が目安）。
7. 170℃に熱した油に入れる。途中膨らんでくるので、
   菜箸で軽く押さえながら何度かひっくり返してきつね色に揚げる。
8. 粗熱が取れたら、トッピングをする。

オセアニアのおやつ

Pavlova
Lamington
Peach Melba
Anzac Biscuits

イラスト：くぼあやこ

オセアニアのおやつ

多国籍な食文化を持つ"移民の国"で愛される、
イギリス菓子をベースにしたカジュアルな味。

18世紀末にイギリスの植民地として多くの移住者が上陸し、アジア諸国からも幅広く移民を受け入れている"移民の国"、オーストラリア。国礎がおかれたのは200年程前という新しさで、国土や自然の広大さ、資源の豊富さでも知られています。小麦、肉、砂糖といった食料も豊富で、ミートパイやフィッシュ・アンド・チップスなど、植民地時代にイギリスより渡った食文化に強い影響を受けています。同時に、多民族国家であることを謳っているように、フランス、イタリア、インド、中国、タイ、ベトナムなど、世界中の料理が日常的に食され、様々な文化が混ざり合い受け入れられています。

お菓子文化においては、特にイギリスからの影響が強く、スコーンなどの代表格はもちろん、「ラミントン」（p. 172）というチョコ菓子も、イギリス出身のラミントン卿夫妻の名をとって名付けられたとか。

一方で、「パブロバ」（p.170）というメレンゲ菓子は、諸説あるものの、1935年にロシアの女性舞踊家のアンナ・パブロワが訪問したのを記念し、オーストラリアの料理人によって考案されたと言われています。

また、「アンザック・ビスケット」（p. 176）というオート麦入りのビスケットもオセアニアのおやつの代表格。「アンザック（Anzac）」は、「オーストラリア・ニュージーランド連合軍」を意味し、第一次世界大戦の際に兵士たちをねぎらうために送られたビスケットに由来するとされています。長期の輸送に耐えるために、卵が入っていないのも特徴です。

このように、オーストラリアは、植民地時代に培ったイギリスからの食文化をベースにしながらも、様々な国の移民を受け入れてきた歴史の中で、豊富な食材を武器にし独自の食文化を築いてきた奥深い一面を持つのです。

1. オーストラリアのラミントン（p.172）
2. オーストラリアのパブロバ（p.170）
3. オーストラリアのアンザック・ビスケット（p.176）
4. オーストラリアのピーチメルバ（p.174）

写真1：nelea33 / Shutterstock.com
写真4：Alexander Prokopenko / Shutterstock.com

Pavlova（パブロバ）

表面はさっくり、中はやわらかなオーストラリア生まれのメレンゲ菓子。
生クリームと果物をデコレーションすれば、お祝いごとにも最適です。

材料（作りやすい分量）

- 卵白　80g（L玉約2個分）
- グラニュー糖A　100g
- コーンスターチ　2g
- 白ワインビネガー　3g

- 生クリーム　100g
- グラニュー糖B　10g

- ベリー系の果物（冷凍でも可）　250g
- 飾り用粉糖　適量

下準備

オーブンを110℃に予熱しておく。

作り方

① ボウルに卵白を入れて、グラニュー糖Aを4～5回に分けて加えながらハンドミキサーで
　中高速で泡立てる。

② しっかりとつやが出て、角が立つくらいになったら、コーンスターチと白ワインビネガーを加えて、
　ホイッパーで合わせる。

③ オーブンシートを敷いた天板の上に、②をスプーンですくって直径18cmくらいに広げ、
　中央よりふちが高くなるように調整する。

④ 110℃のオーブンで約1時間半焼成し、そのまま冷めるまでオーブン庫内に入れたまま乾かす。

⑤ ボウルに生クリームとグラニュー糖Bを入れて8分立てにする。

⑥ ④が完全に冷めたら皿に移し、食べる直前に表面に⑤とベリー系の果物を盛り付けて、
　飾り用粉糖をかける。

MEMO
日本の四季に合わせた果物（酸味のあるものがおすすめ）で自由にデコレーションを楽しんでみて。

Lamington（ラミントン）

キューブ型のスポンジ生地をチョコレートでコーティングし、
ココナッツをまぶしたお菓子。生クリームやジャムなど、中にはさむものはとりどり。

材料（7×15cm程のパウンド型1台分）

◇ **スポンジ生地**
・全卵　60g（L玉1個分）
・グラニュー糖　30g
・薄力粉　25g
・カカオパウダー　5g
・無塩バター　10g

◇ **チョコレートガナッシュ**
・クーベルチュール・チョコレート（カカオ分60%程度）　50g
・生クリーム　25g

◇ **仕上げ**
・ベリージャム　40g
　※作り方はp.9参照。
・クーベルチュール・チョコレート　50g
・植物油　7.5g
・ココナッツファイン　80g（好みで）

下準備

オーブンは170℃に予熱しておく。

型にクッキングシートを敷いておく。

作り方

◆ スポンジ生地を作る

① バターを湯煎にかけて溶かしておく。

② ボウルに全卵とグラニュー糖を入れ湯煎（約60℃が目安）にかけながら人肌になるまで
ホイッパーで混ぜる。

③ ②をハンドミキサーの高速で混ぜて、もったりとしたクリーム状になってきたら低速できめを整える。

④ ③に薄力粉とカカオパウダーをふるいながら加え、ゴムベラで切るように混ぜ合わせる。

⑤ ①に、④をひとすくい加えてなじませてから、④に全て戻し加えて、
ゴムベラで底から返すように混ぜ合わせる。

⑥ 型に流し入れて、170℃のオーブンで約20分間焼成する。

⑦ 粗熱が取れたら型から外し、ラップで包み冷蔵庫で冷やしておく。

◆ チョコレートガナッシュを作る

① チョコレートをボウルに入れ、沸騰させた生クリームを上から注ぎ、ホイッパーで合わせる。

② ボウルの底に氷水を当て、塗りやすいかたさに調整する。

◆ 仕上げ

① 冷やしておいたスポンジを上下半分にスライスする。

② ①のうち1枚にチョコレートガナッシュを塗る。もう1枚のスポンジにベリージャムを塗る。
2枚のスポンジを、チョコレートガナッシュとベリージャムの面が合わさるように重ねる。

③ ラップで包み、最低1時間30分冷蔵庫で寝かせる。一辺3cm程の大きさにカットする。
※カットした状態で再び冷蔵庫でしっかり冷やすと、⑤の作業がしやすい。

④ ボウルにクーベルチュール・チョコレートを入れて湯煎で溶かす（50℃が目安）。
植物油を加えて混ぜ合わせておく。

⑤ ④に③をひとつずつくぐらせ、ココナッツファインを全体にまぶす。

MEMO

チョコレートガナッシュなしでジャムだけをサンドするなど、甘さを調節したアレンジも可能。

4章／オセアニアのおやつ

Peach Melba（ピーチメルバ）

オーストラリア人歌手に捧げるために作られた、ロンドン生まれのスイーツ。
ひんやりとしたアイスクリームと桃の清涼感が暑い季節にぴったりです。

材料（4人分）

◆ 桃のコンポート
・桃　2個
・水　600ml
・グラニュー糖　130g
・バニラビーンズ　1/2本
・レモン果汁　30g

◆ フランボワーズソース
・冷凍フランボワーズ　120g
・グラニュー糖　30g

・バニラアイスクリーム（市販）　適量
・ミント（好みで）　適量

作り方

◆ 桃のコンポートを作る
① 鍋に水、グラニュー糖、裂いたバニラビーンズの種とさやを入れて、沸騰させる。
② 桃を流水でなでるようにやさしく洗う。ナイフで割れ目に沿って種にしっかり当たるようにして切り込みを入れ、一周させる。
③ 桃をねじるようにして2つに分けて、スプーンで種を取り除く。
④ ①に③とレモン果汁を入れて弱火にかけ、落としぶたをして8分程火入れをする。
はじめは皮を下に向けて入れて、途中ひっくり返す。
⑤ 火を消したらそのまま粗熱が取れるまで置き、使う直前まで冷やしておく。

◆ フランボワーズソースを作る
鍋に材料を全て入れ弱火にかけ、木べらでフランボワーズをつぶしながら沸騰させ、とろみがつくまで火を入れる。容器へ移し、落としラップをして使う直前まで冷蔵庫で冷やしておく。

◆ 組み立てる
皿に、皮をむいた桃のコンポート、フランボワーズソース、バニラアイスを盛り付ける。好みでミントなどを飾る。

🇦🇺 オーストラリアのおやつ

Anzac Biscuits（アンザック・ビスケット）

オーストラリアやニュージーランドの国民的焼き菓子。ココナッツと
オートミールのザクザクとした食感が魅力で、アクセントにレーズンを加えました。

材料（作りやすい分量）

- ・薄力粉　50g
- ・ベーキングパウダー　2g
- ・オートミール　40g
- ・ココナッツロング　40g
- ・きび砂糖　40g
- ・無塩バター　40g
- ・蜂蜜　15g
- ・ドライレーズン　20g

下準備

オーブンを160℃に予熱しておく。ドライレーズンを細かく刻んでおく。

作り方

① ボウルに、薄力粉とベーキングパウダーを合わせてふるい入れ、さらにオートミール、
　ココナッツロング、きび砂糖を入れて、ゴムベラなどで均等に合わせておく。

② 別のボウルにバターと蜂蜜を入れて湯煎で溶かし、①とドライレーズンを加え、
　ゴムベラで混ぜ合わせる。

③ 好きな大きさに分けて丸め、少し平らにならしながら、クッキングシートを敷いた天板に並べる。

④ 160℃のオーブンで、こんがりと焼き目が付くまで約15分焼成する。

アフリカ・中東・アジアの
おやつ

イラスト：くぼあやこ

1. ルワンダのマンダジ（p.190）
2. タンザニアのザンジバルピザ（p.186）を売る現地の屋台
3. イスラエルのハッラー（p.192）
4. イスラエルのハッラー（p.192）の現地の売り場
5. パレスチナ・トルコのクナーファ / キュネフェ（p.196）。シロップがたっぷり使用されている

アフリカのおやつ

植民地時代に伝来した西洋菓子と、
軽食として愛される伝統的なソウルフード。

　50以上もの国々からなるアフリカ大陸。人類誕生の地とよばれる程古い歴史を持ちますが、16世紀には欧米諸国による奴隷貿易が始まり、19世紀末からはアフリカ大陸自体の植民地化が本格化しました。その際に人為的に引かれた境界線は、実際の民族や部族の分布とは一致しないことも多く、国単位で語ることが最も難しい地域のひとつです。

　植民地支配下の時代を契機に、イギリス、フランス、イタリア、スペイン、ポルトガル、ドイツ、ベルギーから伝わったお菓子文化は、今でも各地域に定着しています。一方で、アフリカの伝統的なお菓子も、数は多くないものの存在しています。例えば、東アフリカでは定番のドーナツ「マンダジ」（p.188-190）は、いわゆる食後のデザートとしてではなく、朝食やおやつの時間に重宝するスナックのような位置付けで、今もアフリカのソウルフードとして愛されています。

中東のおやつ

シンプルながら奥深い、
古代エジプトから受け継がれた“お菓子の起源”!?

　広義には北アフリカから西アジアまでの地域一帯を指す、中東。世界最古の文明とされるメソポタミア文明やエジプト文明などが誕生した地域として知られています。また、古代エジプトで生まれたパンを、蜂蜜と一緒に食べたことから、お菓子の起源も中東にあるとされています。そして、11世紀の十字軍のエルサレム遠征を契機に砂糖やお菓子がヨーロッパにも伝わり、今日の世界のお菓子文化へ昇華したといわれています。

　そんな“お菓子の故郷”、中東では、穀物の粉にスパイスやナッツを使用し、それを砂糖や蜂蜜のシロップにたっぷりと浸すなどしたシンプルなスタイルのお菓子が人気。アラブ人やイスラム教徒の多くは、宗教上の理由でお酒を口にしないこともあり、食事との境界がない程頻繁にお菓子を食べる習慣があります。一方で、ユダヤ人や他宗教徒は全く異なる食文化を持ち、中東文化の多様性と複雑さに驚かされます。

アジアのおやつ

お菓子の誕生に欠かせない"砂糖"の生成から始まり、和菓子からイスラム菓子まで幅広く発展。

"西洋"に対して"東洋"と言われるように、かつてユーラシア大陸ではシルクロードを通じて東西の交流が行われ、アジアでは様々な国家や文化圏が形成されました。その後植民地時代や独立運動などを経て、現在アジアは6つの地域に大別されます。

東端は日本の和菓子、西端はイスラム世界のお菓子と、広大なアジアのお菓子文化は、当然ながら一言では語れません。お菓子の誕生に欠かせなかった砂糖の原料のひとつであるサトウキビは、ニューギニア周辺の島々が原産地だと考えられています。しかし、世界で初めて砂糖を生成したのが古代北インドだとする説があるのです。当時は薬の一種、上流階級のぜいたく品として珍重されていた砂糖は、インドから、アジアをはじめ世界各地に伝播したと言われていますが、その際にお菓子も一緒に伝わり、周辺地域のお菓子文化に影響を与えていたのでしょう。

国民の約80%がヒンドゥー教のインド、ネパールの食文化は、宗教との密接な関係の中で生まれ、時の流れによって形骸化することなく、今なお人々の暮らしに根ざしています。お菓子は、「お供え物」として生まれた保存がきくものがほとんどで、街のパティスリーのショーケースを、常に埋めつくしています。

タイのお菓子には、ココナッツミルクやタピオカ、バナナなどが頻繁に使われていて、揚げものから、喉を潤すスープ仕立てのデザートまで幅広く、屋台で気軽に食べることができます。

ベトナムやカンボジアのお菓子もまた、どこか和菓子にも通ずるものがあり、もち米や豆、穀物、野菜を使うことが多いのは、アジア圏ならではの特徴といえましょう。

1. インドのパティスリー
2. インドの屋台
3. インドのラドゥ（p.205）
4. ネパールのジェリ（p.206）
5. タイのカオニャオマムアン（p.200）
を売る現地の屋台

Melktert（ミルクタルト）

ポルトガルとオランダの伝統を受け継ぐ、シンプルなタルト菓子。
くせのないやさしい味わいで、レモンやシナモンが軽やかに香ります。

材料（直径6cmのタルトリング7個分もしくは直径18cmの底取タルト台1台分）

◆ タルト生地
・無塩バター　90g
・粉糖　45g
・全卵　18g
・薄力粉　135g
・塩　1.5g
・打ち粉（強力粉）　適量

◆ ミルククリーム
・無塩バター　10g
・全卵　60g（L玉約1個分）
・グラニュー糖　65g
・薄力粉　10g
・コーンスターチ　20g
・バニラビーンズ　1/2本
・牛乳　400g
・シナモンスティック　1本

・シナモンパウダー　適量

下準備

バター（タルト用）、全卵は室温に戻しておく。型の内側に薄くバター（分量外）を塗って、冷蔵庫に入れておく。

作り方（タルト台の場合）

◆ タルト生地を作る

① ボウルにバターを入れ、ホイッパーでなめらかなクリーム状にしたら、
粉糖をふるいながら加えて混ぜ合わせる。

② ①に、溶いた全卵を少しずつ加えてホイッパーで混ぜる。
薄力粉と塩をふるいながら加え、ゴムベラで粉気がなくなるまで合わせる。
※一連の動作で、あまり空気を入れすぎないように注意する。

③ 生地をひとまとめにしてラップで包み、冷蔵庫で最低1時間休ませる。

④ ③を、打ち粉をした台の上で軽くもむ。麺棒を使って、2.5～3mmの厚さで型より
一回り大きい円にのばす（リングの場合には一回り大きな抜き型で抜く）。
オーブンを180℃に予熱し始める。

⑤ 型に生地を敷く。生地を、型の内側にたるませるように寄せ、
型の底と側面の角に押し込むように密着させながら全体に敷き込んでいく。

⑥ 型の上に麺棒を転がしながら、はみ出した余分な生地を切り落とし、
側面の生地の厚さを均一にならしたら、再びはみ出た生地をパレットで切り落とす。

⑦ フォークで底と側面全体に空気穴を空け、生地の上にクッキングシートを敷き、
重石（小豆で代用可）を型の高さいっぱいにのせる。

⑧ 180℃のオーブンで約20分焼成する。

◆ ミルククリームを作る

① バターを1cm角に切っておく。ボウルに全卵を入れてホイッパーで溶きほぐし、
グラニュー糖を加え混ぜ、薄力粉とコーンスターチをふるいながら加えて混ぜる。

② バニラビーンズの縦半分に切り目を入れたら、取り出した中の種とさやを全て鍋に入れ、
牛乳とシナモンスティックを加え弱火で熱する。沸騰直前で火を止め、
ホイッパーで混ぜながら①のボウルに少しずつ加える。

③ ②をざるでこしながら鍋に戻して、ホイッパーで混ぜながら中火にかける。とろみが出始めたあとに、
表面にふつふつと大きめの気泡が出てきて、最後はもったりと筋が残るくらいになったら、
火を止めてバターを加えて合わせる。

④ バットに移して平らにならし、クリームの表面にぴったりとラップをかぶせる。
氷水を張ったバットに当てて急冷する。

◆ 仕上げ

ミルククリームをゴムベラでなめらかな状態にして、口金を付けた絞り袋（スプーンでも可）を使ってタルトにたっぷりと入れ、上にシナモンパウダーをふる。

5章／アフリカ・中東・アジアのおやつ

Malva Pudding（マルヴァ・プディング）

アプリコットジャムを練り込んだ生地に、ミルキーなソースを染み込ませたケーキ。
冷やすとまるでチーズケーキのような不思議な食感が楽しめます。

材料（直径18cmの底が抜けない型1台分）

◆ プディング生地
・全卵　110g
・グラニュー糖　210g
・薄力粉（ドルチェ）　185g
・ベーキングパウダー　5g
・アプリコットジャムもしくはピューレ　20g
・酢　5g
・牛乳　125g
・無塩バター　30g

◆ ソース
・生クリーム（脂肪分38%以上）　150g
・水　75ml
・無塩バター　70g
・グラニュー糖　60g
・アマレット　20g

◆ トッピング
飾り用粉糖、ローストアーモンドやピスタチオ、バニラアイスクリーム、アプリコットソース、アプリコットナパージュ、キャラメルソースなど好みで

下準備

全卵は室温に戻しておく。
型の内側にクッキングシートを敷いておく。

作り方

◆ プディング生地

① ボウルに全卵とグラニュー糖を入れて、ホイッパーでしっかり擦り混ぜる。

② ①に薄力粉とベーキングパウダーをふるい入れ、粉っぽさがなくなるまでやさしく混ぜ合わせたら、アプリコットジャムもしくはピューレと、酢を加えて合わせる。

③ 別のボウルに牛乳とバターを入れて、湯煎で約40℃に温め、②に加えて混ぜる。

④ ③を型に流して、台に軽くたたきつけ空気を抜き、170℃で予熱したオーブンで50分焼成する。
　※こんがりと焼き色が付くまでしっかりと焼成する。

⑤ 焼き上がる直前にソースを作る。鍋に生クリーム、水、バター、グラニュー糖、アマレットを入れ、沸騰しない程度に温めて溶かす。

⑥ ④をオーブンから取り出したらすぐに、竹串で何カ所か穴を空け、ソースの通り道を作る。

⑦ ⑥に⑤をゆっくりとかけて染み込ませる。しばらく常温において生地全体にソースを行きわたらせて、粗熱が取れたら冷蔵庫で半日以上冷やす。

⑧ ケーキの中央部分までしっかりと冷えたら、カットして器に盛り付け、好みのトッピングを飾る。

Apfelstrudel（アプフェルシュトゥルーデル）

ドイツやオーストリア由来の焼き菓子がナミビアでも親しまれています。
パリパリのパート・フィロは、おうちでも簡単に作ることができます。

材料（作りやすい分量）

◆ パート・フィロ
・強力粉　70g
・塩　0.4g
・水　40ml
・植物油　7g
・酢　1g

◆ フィリング
・ビスケット　75g
・クルミ　20g
・グラニュー糖　45g
・シナモンパウダー　3g
・ナツメグパウダー　2g
・塩　0.5g
・リンゴ（できれば紅玉など酸味のあるもの）　2個
・レモン果汁　12g
・ドライレーズン　50g
・澄ましバター　90g
　※作り方はクナーファ／キュネフェ（p.196）を参照。
・飾り用粉糖　適量

作り方

◆ パート・フィロを作る

① ボウルに強力粉と塩を入れて混ぜ、水を加えてグルテンの粘りが出るまで手でよくこねる。

② ①に、油と酢を加えさらによくこねて、ひとまとめにしてラップで包み冷蔵庫で一晩寝かせる。

◆ フィリングを作る

① ビスケットをフードプロセッサーで細かく砕き、クルミは160℃のオーブンでローストして細かく刻む。

② ボウルにグラニュー糖とシナモンパウダー、ナツメグパウダー、塩を一緒に入れて合わせる。

③ リンゴは皮をむき、4等分して芯を取り、5mm程の厚さにスライスし
　 レモン果汁と一緒に合わせておく。

④ ボウルに澄ましバターを入れて、湯煎で溶かす。

◆ 成形

① オーブンを180℃に予熱する。

② 冷蔵庫から取り出したパート・フィロを台の上に置き、
　 麺棒で縦50×横40cm程度の大きさにのばす（生地の後ろ側が透けて見えるくらいが目安）。
　 途中生地が乾燥してきたら、植物油（分量外）を薄く塗りながら行う。
　 以降の作業がしやすいように生地の下に薄い布かクッキングシートを敷いて、
　 短い辺を手前において準備する。

③ ②の両サイド5cm程残して、また生地手前半分くらいの範囲に、砕いたビスケット、
　 グラニュー糖（シナモンパウダー、ナツメグパウダー、塩を混ぜたもの）、
　 刻んだローストクルミとドライレーズン、レモン果汁にあえたリンゴの順番でのせる。

④ パート・フィロの手前を持ち上げ、中のフィリングを包み込むようにロール状に巻き、
　 最後にサイドの生地を下に折り込む。

⑤ ④を、クッキングシートを敷いた天板に置いて、表面に溶かした澄ましバターを刷毛で塗る。

⑥ 180℃のオーブンで30～40分焼成して、仕上げに粉糖を飾る。

MEMO
市販のパート・フィロでも代用できるが、薄くて乾燥しやすく成形が難しいため、自家製がおすすめ。
焼き立てはもちろん、一晩置いても、違った味わいが楽しめる。

5章／アフリカ・中東・アジアのおやつ

Zanzibar Pizza（ザンジバルピザ）

ザンジバル島の屋台名物を、自宅のフライパンで再現。
中に包む具は、熱が加わることでよりおいしくなるフィリングがおすすめです。

材料（3〜4枚分）

◆ チャパティ生地
・全粒粉（もしくは強力粉と薄力粉を半々）　150g
・水　100ml
・塩　2g
・植物油　15g

◆ フィリング
・ピーナッツバター＆スライスしたバナナ　適量
・チョコレートソース＆スライスしたバナナ　適量
・市販のチョコレート菓子（好みで）　適量
　※ビスケットやキャラメルなど食感の変化が楽しめるもの。

作り方
① ボウルに、全粒粉、水、塩、植物油を入れ、ゴムベラで粉っぽさがなくなるまで軽く混ぜる。
② 生地がある程度まとまったら台の上に置いて、手で15分程こねる。最初はべたつくが、
　 だんだんとまとまってきて、耳たぶくらいのやわらかさになる。
③ 3〜4等分にして、かたく絞ったぬれ布巾をかぶせて室温で30分程寝かせる。
④ 麺棒で円形に薄くのばす（直径25〜30cmが目安）。
⑤ 温めたフライパンに生地を置いて、その中央に好みのフィリングをのせ、
　 四方の生地を中央に折りたたんで包む。
⑥ 中火にかけて、片面に焼き色が付いたらひっくり返し、もう片面も焼き色が付くまで火を入れる。
⑦ 器に取り出し、温かいうちにナイフで切って食べる。

MEMO
チーズやひき肉を中に包めば、軽食としても食べ応えのあるメニューに。

Mandazi（マンダジ） ケニア版

東アフリカ全域で親しまれているドーナツ"マンダジ"。ケニアでは、
ココナッツミルクとスパイスがやさしく香り、もちもちとした食感なのが特徴。

材料（8個分）

- ・強力粉（はるゆたか）　100g
- ・薄力粉　70g
- ・グラニュー糖　50g
- ・インスタントドライイースト　5g
- ・塩　2g
- ・ナツメグパウダー　0.5g
- ・カルダモンパウダー　0.5g
- ・牛乳　70g
- ・ココナッツミルク　50g
- ・バニラオイル　少々
- ・無塩バター　5g

- ・打ち粉（強力粉）　適量
- ・揚げ油　適量
- ・飾り用粉糖　適量

〈難易度〉 ★★★

189

5章／アフリカ・中東・アジアのおやつ

下準備

バターは常温に戻しておく。

作り方

① ボウルに強力粉、薄力粉、グラニュー糖、インスタントドライイースト、塩、ナツメグパウダー、
カルダモンパウダーを入れてホイッパーで合わせておく。

② ①に、人肌程度に温めた牛乳、ココナッツミルク、バニラオイルを加え、ゴムベラを使って混ぜ、
ひとかたまりになったら、ある程度グルテンの粘りが出るまで手でこねる。

③ バターを加えさらにこね、はり・つやが出てきたらひとつに丸め、
植物油（分量外）を塗ったボウルに入れてラップで覆い、
約1.5倍に膨らむまで発酵させる（30℃で約1時間が目安）。

④ 打ち粉をした生地を、麺棒で5mm程の厚さにのばしながら空気を抜き、
カードで8つの三角形に分割する。ぬれ布巾などをかけて、1.5倍程度に膨らむまで発酵させる
（30℃で約30分が目安）。

⑤ 170℃に熱した油で、裏表ひっくり返しながらきつね色に揚げる。

⑥ 粗熱が取れたら、粉糖をたっぷりまぶす。

■ ルワンダのおやつ

Mandazi（マンダジ） ルワンダ版

ルワンダのマンダジは、カリカリに揚げた甘さしっかりのオールドファッション風が定番。
ケニア風よりも食べ応えがあるのが特徴です。

材料（5～6個）

・全卵　L玉1個
・植物油　6g
・グラニュー糖　65g
・薄力粉　150g
・ベーキングパウダー　3g
・揚げ油（成形・揚げ用）　適量

作り方

① 薄力粉、ベーキングパウダーを合わせてふるっておく。

② ボウルに、全卵と植物油、グラニュー糖を加えてホイッパーで混ぜ合わせ、
①を加えて手でひとかたまりになるまで混ぜ合わせる。

③ 手のひらに揚げ油を薄く付けながら、②を丸く成形する（1個40g程度）。

④ 160℃に熱した油で、低温で10分以上かけてじっくりきつね色に揚げる。

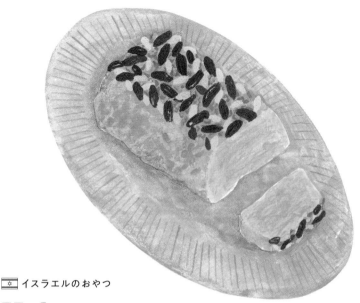

🇮🇱 イスラエルのおやつ

Halva（ハルヴァ）

古代メソポタミア発祥の、穀物の油脂と砂糖を合わせたお菓子。
熱したシロップを散らすことで、シュワッと溶けるような独特な舌触りが生まれます。

材料（横10×縦15×高さ5cmのバット1個分）

・好みのナッツ
（ピーカンナッツ、アーモンド、ピスタチオなど）　約50g
・ピーナッツペースト（無糖・無塩）　400g
・塩　1g

・ナツメグパウダー　1.3g
・シナモンパウダー　1.3g
・きび砂糖　220g
・水　80ml

作り方

① バットの内側にラップをぴったり沿うように敷く。ナッツは160℃のオーブンでローストして
必要であれば刻んでおく。

② ラップを敷いたバットにローストしたナッツを敷き詰める。

③ ボウルにピーナッツペースト、塩、ナツメグパウダー、シナモンパウダーを入れて、
ホイッパーで合わせておく。

④ 鍋にきび砂糖と水を入れて、111℃まで加熱しシロップを作る
（熱伝導率の高い銅鍋があればそれを使う）。

⑤ ③に素早く④を加えたら、ホイッパーで混ぜ合わせ、素早く②のバットへ移す。

⑥ 表面にラップをかぶせて平らにならし、そのまま常温で冷ます。

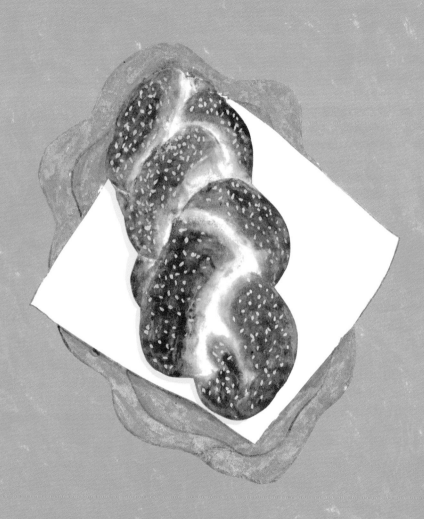

Hallah（ハッラー）

ユダヤ教の安息日に食べる、三つ編み姿の神聖なパン。ほんのりとした甘さで
シンプルな味わいなので、バターや蜂蜜、好みのフィリングをのせても◯。

材料（作りやすい分量）
- 強力粉（はるゆたか）　150g
- グラニュー糖　10g
- 塩　3g
- スキムミルク　6g
- インスタントドライイースト　3g
- 水　85ml
- 無塩バター　15g
- 白いりごま　30g

- 打ち粉（強力粉）　適量
- 全卵（つや出し用）　30g（L玉1/2個分）

下準備

バターは室温に戻しておく。

作り方

① ボウルに、強力粉、グラニュー糖、塩、スキムミルク、インスタントドライイーストを加えて
　 ホイッパーで合わせておく。

② ①に、人肌程度に温めた水を加えカードを使って混ぜ、ひとかたまりになったら、
　 ある程度グルテンの粘りが出るまで手でこねる。

③ ②に、バターと白いりごま（内、飾り用に10gを別にとっておく）を加えさらにこねて、
　 つやが出てなめらかになったら、ラップで覆い2倍近くに膨らむまで発酵させる（30℃で1時間が目安）。

④ ③の生地に打ち粉をして手で押すようにガス抜きしたら、3等分にして丸めなおす。

⑤ 再度ガス抜きをしながら、それぞれ長さ30cm程の棒状にのばす。3本を並列に並べて、
　 三つ編みにする。両端を下に折りたたむ。クッキングシートを敷いた天板にのせて、
　 ぬれ布巾などで覆い、1.5倍に膨れるまで発酵させる（30℃で30分が目安）。

⑥ オーブンを180℃に予熱する。つや出し用全卵を、同量の水（分量外）で溶き、
　 刷毛で表面に薄く塗り、上から残りの白いりごまを散らす。

⑦ 180℃のオーブンで約25分焼成する。

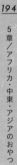

Сырники（スィルニキ）

東欧、ロシア、また移民先のイスラエルでも定番の "スィル"（チーズ）を
練り混んだパンケーキ。日本でも手に入りやすいクリームチーズで再現できます。

材料（直径約8cm×8枚）
・クリームチーズ　200g
・牛乳　50g
・グラニュー糖　50g
・全卵　60g（L玉約1個分）
・薄力粉　100g
・ベーキングパウダー　2g
・塩　0.5g
・レモン果汁　25g
・ドライレーズン　50g（好みで）
・植物油　適量

◆ トッピング
サワークリーム、生クリーム、蜂蜜、ジャムなど好みで

下準備
全卵を室温に戻しておく。ドライレーズンを湯通しして戻しておく。

作り方
① 耐熱ボウルにクリームチーズと牛乳を入れて、ラップで覆い電子レンジで500Wで10秒ずつ、
様子を見ながら加熱する（熱くなりすぎないように様子を見ながら行う）。
② クリームチーズがやわらかくなったら、①にグラニュー糖を加えて、ホイッパーでなめらかにする。
③ ②に溶いた全卵を加えて混ぜ、薄力粉、ベーキングパウダー、塩を合わせてふるいながら加え、
ゴムベラで合わせる。レモン果汁とレーズンを加えて合わせる。
④ 熱して多めの植物油をひいたフライパンに、スプーンで生地（直径5～6cm）を落とす。
⑤ ふたをし、時々上下返しながら、両面にこんがりと焼き色が付いたら器に取り出す。
好みのトッピングを添える。

MEMO
朝食にもぴったりのメニュー。トッピングはたっぷりとのせるのがおすすめ。

Kunāfah / Künefe
（クナーファ／キュネフェ）

細麺状の生地にフィリングをはさんで焼き上げる中東を代表するお菓子。
モッツァレラとヨーグルトにレモンシロップを合わせ、軽やかな仕上がりに。

材料（直径12cmの底の抜けない焼き型1台分）

・無塩バター（澄ましバター用）　50g
　※バターからタンパク質、水分、糖質などを分離除去し、精製した乳脂肪分のこと。
　不純物が少ないので、高温調理でも焦げにくく、香りや風味がより際立つ。
・カダイフ（冷凍）　50g
　※小麦粉やトウモロコシの粉を主成分とした糸状の生地。
　中東や地中海地方、フランスでもよく用いられる。
・モッツァレラチーズ　50g
・無糖ヨーグルト　約100g（水切りして50g使用）
・グラニュー糖A　15g
・水　15ml
・グラニュー糖B　25g
・レモン果汁　5g
・ピスタチオ　15g

下準備

カダイフを一晩冷蔵庫で解凍しておく。

ヨーグルトを水切りしておく。

※ボウルにざるを入れて、キッチンペーパーかコーヒーフィルターを敷き、ヨーグルトを入れて
冷蔵庫に1〜2時間入れておく（酸味と水分をある程度残すため、短時間でOK）。

ピスタチオをローストして刻んでおく。

オーブンを180℃に予熱しておく。

作り方

① 澄ましバターを作る。
　　ボウルに無塩バターを入れて、40℃の湯煎にかけて完全に溶かす。

② そのまま冷蔵庫へ移して、バターの層が分離した状態で完全に固める（2時間以上が目安）。

③ 固形になっている層だけ取り出し、上部表面と底を少し削る。

④ 常温で保管、もしくは小分けにして冷凍保存も可能。使用する分だけ湯煎にかける。

⑤ ボウルに、カダイフを入れて手で細かくほぐし、溶かした澄ましバター（25g）を加えてあえる。

⑥ 別のボウルにモッツァレラチーズをおろし金やスライサーを使って擦り入れ、
　　水切りヨーグルト50gとグラニュー糖Aを加えて、ホイッパーで擦り混ぜる。

⑦ 型の内側に澄ましバター（適量）を塗り、⑤の2/3を敷いたら、手で押しながら平らに敷く。

⑧ ⑦の上から⑥を入れて、最後に残りの⑤でふたをして平らにならし、
　　スプーンの背などを使って少しプレスする。

⑨ 天板にのせて、180℃のオーブンで約45分焼成する。

⑩ 焼成中にシロップを作る。
　　鍋に水、グラニュー糖B、レモン果汁を合わせて入れて弱火にかける。
　　沸騰させて少しとろみが出たら火からおろして、室温に冷ます。

⑪ ⑨の表面が薄いきつね色になったら、オーブンから取り出してすぐに⑩を上からまんべんなくかける。

⑫ シロップが充分染み込み粗熱が取れたら、型から取り出しピスタチオを飾る。

Chè（チェー） あんみつ風・フルーツポンチ風

甘く煮た豆やいも、寒天や果物などの具材を合わせたベトナムの伝統的甘味。
好きなものをカスタマイズしたら、自分だけのチェーに出会えるかも。

材料（カップ約2杯分）
・ココナッツミルク　200g
・牛乳　100g
・グラニュー糖　50g
・バナナ　小1本

・乾燥タピオカ
　20〜30g（好みで）
・ゆで小豆（市販）　好みで
・さつまいもの甘露煮（市販）　好みで
・ミカン（缶詰）　好みで

※バナナとさつまいもの甘露煮は
あんみつ風にのみ使用。

MEMO
フルーツポンチ風の場合、ココナッツスープにはバナナを入れないほうが、フルーツ全体の味を楽しめるのでおすすめ。
各具材を本格的に一から作る場合、豆（小豆、緑豆、金時豆など）に対し、同量の上白糖でしっかりと甘みを付ける。
いも（さつまいもやカボチャ）はゆでたあと、蜂蜜で甘みを付ける。
キウイ、パイン、マンゴー、ベリー系、ミカンの缶詰など、甘みや酸味が強いものをメインに、手に入ればドラゴンフルーツなどベトナム気分を味わえる果物も加えてみるとよい。

作り方

あんみつ風
◆ バナナココナッツスープを作る
① 鍋にココナッツミルクと牛乳、グラニュー糖、スライスしたバナナを加えて、弱火にかける。
② ゴムベラで鍋底が焦げないように注意しながら混ぜ、バナナが少しくたっとするくらい、
　 スープに少しとろみをつける。沸騰すると分離してしまうので注意が必要。
③ ①をボウルにあけて、氷を入れた別のボウルに入れて冷やすか、冷蔵庫で冷やしておく。

フルーツポンチ風
◆ ココナッツスープを作る
① 鍋にココナッツミルク、牛乳、グラニュー糖を加えて、弱火にかける。
　 ゴムベラで鍋底が焦げないように注意しながら混ぜ、スープに少しとろみをつける。
　 沸騰すると分離してしまうので注意が必要。
② ①をボウルにあけて、氷を入れた別のボウルに入れて冷やすか、冷蔵庫で冷やしておく。

以下より共通工程

◆ タピオカをゆでる
① 大きめの鍋にお湯を沸かし、タピオカを入れて弱火〜中火で、沸騰しない程度に火が通るまで
　 1〜1.5時間程ゆでる。
② 火が通ったら冷水にさらし、ざるで水気を切ってから容器へ移し、
　 冷やしておいたココナッツスープを少量、タピオカがつかる程度浸す。
　 ※ゆで時間はタピオカの大きさや種類によるので、購入したタピオカに記載があれば、それに従う。
　 また、タピオカを火入れする前日から一晩水につけておけば、トータルのゆで時間が5分ほどで済む。
　 火入れ済みのすぐに食べられるタピオカも市販で手に入るので、活用してみるとよい。

◆ 仕上げ
あんみつ風
① グラスに、タピオカとゆで小豆、さつまいもの甘露煮、ミカンを加えて、ココナッツスープを注ぐ。

フルーツポンチ風
① 好みの果物をひと口サイズにカットする。
② グラスに、タピオカと果物を加えて、ココナッツスープを注ぐ。

▰ タイのおやつ

ข้าวเหนียวมะม่วง（カオニャオ・マムアン）

タイを代表するデザート。ココナッツミルクで甘塩っぱく仕上げた餅米と、
ジューシーなマンゴーの斬新な組み合わせは、くせになるおいしさです。

材料（約4皿分）

- 餅米　1合
- 水（餅米炊き用）　1合分
- ココナッツミルク　400g
- きび砂糖　55g
- 塩　1.5g
- マンゴー　2〜4個

作り方

① お釜に研いだ餅米と1合分の水を加え、炊飯器にセットし（あれば「おこわモード」で）炊く。

② 鍋にココナッツミルクときび砂糖、塩を入れ、ゴムベラで混ぜながら弱火にかける。
きび砂糖が溶けたら、ボウルにあけて室温に置いておく。

③ 餅米が炊けたらボウルに移して、②のココナッツスープのうちの半分を餅米全体にかけて
染み込ませる。残りのココナッツスープは冷蔵庫で冷やしておく。

④ マンゴーの皮をむき、実を食べやすい大きさにカットする。

⑤ 人数分の皿に③と④を盛り付けて、上から残りのココナッツスープをかける。

MEMO

炊いた餅米は冷蔵庫で冷やすとかたくなるので、翌日以降食べる際には少し電子レンジで温めるとよい。

タイのおやつ

ขนมไข่นกกระทา（カノム・カイ・ノッククラター）

「カイ・ノッククラター」（＝うずらの卵）の形をしたさつまいもの揚げ菓子。
もちもちとした食感とやさしい甘さが特徴で、子どものおやつにも最適。

材料（作りやすい分量）
・さつまいも　150g
・上白糖（もしくはグラニュー糖）　20g
・塩　0.5g
・ベーキングパウダー　2.5g
・ココナッツミルク（なければ牛乳）　15g
・タピオカ粉　8g
・薄力粉　10g
・打ち粉（強力粉）　適量
・揚げ油　適量

作り方
① さつまいもの皮をむき、蒸すかゆでるなどして、温かいうちにマッシャーなどでつぶす。
② ①が温かいうちに、上白糖と塩、ベーキングパウダーを加えてゴムベラで合わせ混ぜたら、
　ココナッツミルク、タピオカ粉と薄力粉をふるい入れてひとかたまりになるまで混ぜる。
③ 手に薄く打ち粉を付けながら、1つ10g程のピンポン玉に成形する。
④ 160℃に熱した油でじっくりと時間をかけて（5～10分）、ころころ転がしながらきつね色に揚げる。

MEMO
揚げ温度を、最後は180℃にして数秒揚げると、より外側がカリッとした食感に仕上がる。

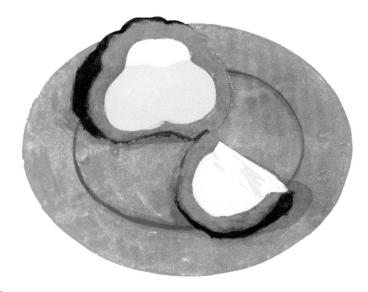

🏔 カンボジアのおやつ

លៗសង់ខយ（ラパウソンクチャー）

カボチャを丸ごと蒸し上げたココナッツミルクプリン。
気軽に作れるのに、凝った断面が美しく、おもたせにもぴったりです。

材料（約1個分）

- 坊ちゃんカボチャ　1個
- 全卵　30g（L玉約1/2個分）
- 卵黄　10g（L玉約1/2個分）
- きび砂糖　40g
- 塩　0.2g
- ココナッツミルク　60g

作り方

① カボチャのヘタより少し下のあたりを、包丁を横に入れて切りとる。

② 上部からスプーンで少しずつくり抜いていき、種とワタをきれいに取り除く。

③ プリン液を作る。ボウルに全卵と卵黄を入れて、きび砂糖と塩を加え、
ホイッパーで溶けるまで混ぜる。

④ ③にココナッツミルクを加えてホイッパーで合わせ、こし器かざるでこす。

⑤ カボチャに、④のココナッツ液を注ぎ（8〜9分目程）、①でふたをする。

⑥ アルミホイルで包んだ⑤をバットに置き、バットの高さ1/3程度まで湯煎（50〜60℃）を張ったら、
150℃に予熱したオーブンで約1時間焼成する（蒸し器を使い、弱火で1時間でも可）。

⑦ 粗熱が取れたら、冷蔵庫でそのまま半日から一晩しっかりと冷やす。

🇮🇳 インドのおやつ

Kulfi（クルフィ）

南インドで人気の、卵不使用のミルクシャーベット。
シャリシャリとした食感と、カルダモン＆ミカンのハーモニーが楽しい一品。

材料（作りやすい分量）
・牛乳　400g
・カルダモンホール　3粒
・グラニュー糖　50g
・ミカン（缶詰）やマンゴー（冷凍）など　150g
・ピスタチオ　15g

作り方
① ピスタチオを160℃のオーブンでローストして、粗く刻む。
② 鍋に、牛乳とカルダモンホール（殻と種に分けたもの両方）を入れて、
鍋底が焦げないように注意してゴムベラを絶えず動かしながら、弱火〜中火で、じっくり煮詰める。
③ 液体の量が約200g（最初の約1/2）になったら、ざるでこしながら別の鍋に移す。
④ ③にグラニュー糖を加えて弱火にかけて溶かしたら、ボウルに移し、
氷を入れた大きめのボウルに当てて冷やす。
⑤ アイスキャンディー用の容器、もしくは紙コップや陶器の器などにミカンやマンゴーを
分けて入れてから、冷えた④を注ぎ冷蔵庫で凍らせる。ピスタチオを食べる直前に散らす。

🇮🇳 インドのおやつ

Lassi（ラッシー）

北インドで定番のドリンクデザートは、豊富なフレーバーを楽しめるのが特徴。
使用するヨーグルトや果物、甘さは自分好みにカスタマイズしてみて。

材料（カップ2～3杯分）

・ヨーグルト　400g　　・グラニュー糖　60g
・牛乳　120g　　　　　・レモン果汁　10～30g（好みで）

作り方

① ボウルに材料の全てを入れて、ホイッパーでグラニュー糖が溶けるまで混ぜる。

② グラスに注ぐ。

アレンジ

◆ フルーツラッシー

バナナ、冷凍マンゴーやベリーなど好みのフルーツ（プレーンラッシー全体の3割程の分量）を、
一緒にミキサーで合わせる。プレーンラッシーに果肉をごろごろとのせて、
スプーンで食べるのもおすすめ。

◆ スパイスラッシー

スパイス（クミン、カルダモンなど）を加えて混ぜる場合には、濃厚で酸味の少ない
ギリシャヨーグルトを使用し、レモン果汁は使用しないのがおすすめ。

🇮🇳 インドのおやつ

Laddu（ラドゥ）

インドの祝事には欠かせない、現地で最も親しまれているお菓子。
芳ばしく炒めたベサン粉にナッツやスパイスを散らすと、どこか懐かしい味わいに。

材料（約20個分）

- ベサン粉（ひよこまめの粉）　250g
- 無塩バター　150g
- きび砂糖　125g
- 塩　2g
- ナッツ（カシューナッツ、アーモンドなど）　40g
- ドライフルーツ（レーズン、クランベリーなど）　30g
- スパイス（カルダモンパウダー、シナモンパウダーなど）　2g

作り方

1. ナッツを160℃のオーブンでローストして、ドライフルーツとともに粗く刻む。
2. 深めのフライパンに、ベサン粉とバターを入れ、中火で絶えず混ぜながら、きつね色になるまで炒める。
3. ボウルにあらかじめきび砂糖、塩、ナッツ、ドライフルーツ、スパイスを入れ合わせておき、そこに❷を加え、全体が均等になるようにホイッパーで合わせる。
4. ラップに、20～25g程の❸をのせて包み、丸もしくは好みの形に成形し、ラップを外す。

Jeri（ジェリ）

くるくると絞った生地にシロップをたっぷり浸した、ネパールやインドでは
定番の揚げ菓子。ライム果汁を加えれば、酸味と香りで軽い仕上がりに。

材料（作りやすい分量）

◆ **シロップ**
・グラニュー糖　325g
・水　250ml
・クチナシの実　1/2個（あれば）
・ライム果汁　4g

◆ **生地**
・薄力粉（エクリチュール）　180g
・セモリナ粉　15g
・グラニュー糖　10g
・インスタントドライイースト　4.5g
・無糖ヨーグルト　120g
・お湯（38〜40℃）　120ml
・無塩バター　30g

◆ **揚げ・仕上げ**
・揚げ油　適量
・アーモンドスライス　適量
・ピスタチオダイス　適量
・カルダモンパウダー　少量

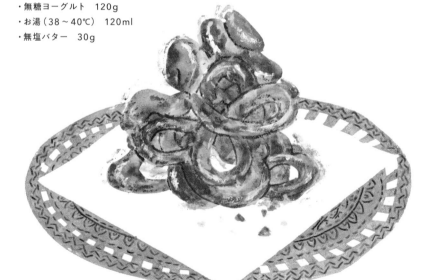

下準備

クチナシの実は砕いて、お茶のパックに入れておく。

ヨーグルトとバターは室温に戻しておく。

作り方

◆ シロップを作る

① グラニュー糖、水、パックに入れたクチナシの実を鍋に入れ強火にかける。

② 3分の2程度まで量が減りとろみが出たら火を止めて、ライム果汁を加えて常温で冷ます。

◆ 生地を作る

① ボウルに、薄力粉、セモリナ粉、グラニュー糖、インスタントドライイーストを入れて、
ホイッパーで合わせる。

② ①に、ヨーグルト、人肌程度に温めたお湯を入れて、ゴムベラを使って混ぜ、
ひとかたまりになったら、ある程度グルテンの粘りが出るまで手でこねる。

③ バターを加えさらにこね、はり・つやが出てきたらひとつに丸め、
植物油（分量外）を塗ったボウルに入れてラップで覆い、
約1.5倍に膨らむまで発酵させる（30℃で約1時間が目安）。

④ ③の生地が膨らんだら、ゴムベラでやさしく空気を抜き、口径5mm程の口金をつけた
絞り袋に入れる（口金がなければ、生地を入れたビニール袋の角を切って小さい穴を作る）。

◆ 揚げ・仕上げ

① 170℃に熱した油に、生地を細く絞り入れて好きな形を描く。

② 途中ひっくり返しながら、きつね色に揚げる。

③ 油を軽く切ってから、熱いうちに常温のシロップに浸して全体にからめる。

④ ローストしたナッツ類とカルダモンパウダーを少量まぶす。

MEMO

生地を熱した油の中に落とす際には、生地がやわらかいので、都度形を決めようとせず、いくつも
の輪が連なったようにラフに描くと作業がスムーズ。

シロップはとろみが足りないと仕上がりがべちゃっとしてしまうので注意。

柑橘の酸味は必須なので、ライムが手に入らなければレモンなどで代用してみて。

世界のおやつ おうちで作れるレシピ100
World Oyatsu 100 Recipes You Can Make at Home

2021年2月22日　初版第1刷発行
2021年9月10日　　第3刷発行

著者	鈴木 文（SEKAI NO OYATSU）

デザイン	北野亜弓（calamar）
イラスト	土居香桜里／渡辺晶子／石津亜矢子／くぼあやこ
レシピ校閲	株式会社東京出版サービスセンター
校正	株式会社鷗来堂

編集	宮城鈴香

発行人	三芳寛要
発行元	株式会社 パイ インターナショナル

〒170-0005　東京都豊島区南大塚2-32-4
TEL 03-3944-3981　FAX 03-5395-4830
sales@pie.co.jp

印刷・製本	株式会社廣済堂

©2021 Aya Suzuki / PIE International
ISBN978-4-7562-5451-1 C0077
Printed in Japan

材料協力	TOMIZ（富澤商店）オンラインショップ　https://tomiz.com/
	電話番号：042-776-6488
	受付時間：平日9:00～12:00,13:00～17:00　土日祝は休業

参考文献	『北欧料理大全』カトリーネ・クリンケン著（誠文堂新光社）
	『世界の食文化〈7〉オーストラリア・ニュージーランド』小山修三著（農山漁村文化協会）
	『イタリア菓子図鑑』佐藤礼子著（誠文堂新光社）
	『旅するパティシエの世界のおやつ』鈴木文著（ワニ・ブラス）
	『ポルトガル菓子図鑑』ドゥアルテ智子著（誠文堂新光社）
	『ドイツ菓子図鑑』森本智子著（誠文堂新光社）